2020 海大职教探索

——专业改革与课程建设

上海海事大学 高等技术学院
继续教育学院 编
上海港湾学校

上海浦江教育出版社
Shanghai Pujiang Education Press

图书在版编目(CIP)数据

2020 海大职教探索：专业改革与课程建设/上海海事大学高等技术学院，继续教育学院，上海港湾学校编.
—上海：上海浦江教育出版社有限公司，2021.7
ISBN 978-7-81121-727-8

Ⅰ.①2… Ⅱ.①上…②继…③上… Ⅲ.①职业教育—上海—文集 Ⅳ.①G719.2-53

中国版本图书馆 CIP 数据核字(2021)第 138931 号

2020 HAIDA ZHIJIAO TANSUO：ZHUANYE GAIGE YU KECHENG JIANSHE
2020 海大职教探索：专业改革与课程建设

上海浦江教育出版社出版发行

社址：上海海港大道 1550 号上海海事大学校内　邮政编码：201306
电话：(021)38284912(发行)　38284923(总编室)　38284910(传真)
E-mail：cbs@shmtu.edu.cn　URL：http：//www.pujiangpress.cn
上海商务联西印刷有限公司印装
幅面尺寸：170 mm×230 mm　印张：10.75　字数：170 千字
2021 年 7 月第 1 版　2021 年 7 月第 1 次印刷
责任编辑：杨　磊　封面设计：赵宏义
定价：50.00 元

前言

为实现国家和上海市对职业教育的要求，上海海事大学高等技术学院、继续教育学院、上海港湾学校积极落实国家和上海市"十四五"规划要求，抓住当前职业教育大发展的黄金机遇，以深化教学改革为主线，积极调整和优化教育布局；聚焦内涵和特色，围绕管理能力提升、职业教育立交桥构建、师资队伍素质提升及社会服务能级提升，培育具有竞争优势的品牌专业及特色专业群，创办特色职业教育。

多年来，学校紧紧围绕"质量立校、人才强校、特色办校"的理念，以学生全面成才为目标，以提高教育教学质量为核心，抓住机遇，不断创新，积极推进部门的内涵建设。学校广大职业教育工作者在实践中积累了丰富的职教经验，形成了一系列富有成效的研究成果。这些经验和成果汇编成《2020海大职教探索——专业改革与课程建设》一书，目的是为学校职业教育的发展提供思路和经验，为广大职业教育工作者提供借鉴。

本书从专业与课程建设、规划与管理研究、德育与学生工作、课程与线上教学、信息技术运用等5个方面总结学校职业教育工作者在教书育人过程中形成的经验和取得的成果，体现教职工锐意进取、勇于探索的精神风貌。

目 录

专业与课程建设

国际邮轮乘务专业建设提升方法 …………………………………… 高树良（3）

校企合作背景下的"前厅服务与操作"课程开发 ………… 姜超雁，周立希（8）

基于实践教学模式的"客房服务与操作"课程开发 ……… 姚培红，姜超雁（16）

中职邮轮咖啡吧台实训课程开发与探析 …………………………… 庄庆鹏（24）

规划与管理研究

上海港湾学校信息化建设规划 ……………………………………… 张　峰（33）

设立学习支持中心，搭建合作学习平台 …………………………… 王新慧（49）

外聘教师队伍建设现状、问题及对策浅析

　　——以上海港湾学校为例 ……………………………………… 葛江伟（54）

馆藏中文图书多指标价值评价 ……………………………………… 王静芬（58）

中职校教学诊改工作现实难题及其对策 …………………………… 罗高美（67）

德育与学生工作

职业院校立德树人的转识成智的思考 …………………… 王 槊,黄 杰(75)
中职教学"放管服"的思考 …………………………………… 宗爱芹(82)
积极心理学视角下中职生自我管理能力培养策略 ………… 楚晓红(87)
浅析中职生自信心培养策略 ………………………………… 彭敬竹(94)
浅析中职生实训课程课堂听课行为 ………………………… 薄 坤(98)

课程与线上教学

新形势下"多式联运"定义的新解读 ………………………… 宋 彬(105)
新冠肺炎疫情背景下中高职语文网络教学的探索与实践 … 李文军(109)
港口机械专业课程线上授课探索 …………………………… 胡桂军(116)
浅析集装箱船舶的整体配积载 ……………………………… 盛 斌(126)

信息技术运用

基于蓝墨云班课的混合式教学模式
　　——以"仓储管理实务"课程为例 ……………………… 和彦敏(135)
基于 ITOS 的集装箱港口业务操作模拟实训探索 ………… 姚国梁(141)
VR 技术在智能港口理货教学中的探索与应用
　　………………………………………… 周 圆,宗爱芹,沈 阳(148)
职业院校课程信息化教学辅助方法 ………………………… 齐 颖(155)

专业与课程建设

国际邮轮乘务专业建设提升方法

高树良

摘　要：邮轮行业是典型的国际化行业，培养的邮轮人才必须是能够参与国际竞争且得到国际行业广泛认可的国际化人才，这就给邮轮乘务人才的培养过程和培养质量提出了更高的要求。通过加大与国外职业教育机构的交流合作，进行国际化人才的培养；引进国际课程或对接国际专业教学标准，培养国际化人才；引进外教或培养具有双师型的教师队伍，提升师资队伍国际化水平；深化实训基地建设，拓展就业渠道；加强跨文化交流，紧跟邮轮乘务专业人才需求动态，实现人才培养标准与国际邮轮企业需求对接，提升国际邮轮乘务专业建设，实现邮轮乘务专业国际化人才培养目标，使邮轮服务人才的培养适应全球邮轮行业发展需求。

关键词：邮轮乘务；专业建设；国际化

0　引言

　　近年来，随着欧美邮轮市场的日趋饱和，亚洲和中国邮轮市场发展迅猛，与此同时带来了对邮轮人才的旺盛需求。邮轮产业是国际化产业，对人才的国际化要求很高，虽然我国邮轮乘务专业经过几年的发展，取得了一定成绩，但是在培养国际化人才方面仍然存在一些问题，随着邮轮产业在中国市场的快速发展，国际邮轮乘务人才短缺问题将日益凸显。

　　培养适合邮轮企业需求的国际邮轮服务人才，对我校、上海乃至全国职业教育提出了巨大挑战。因此，必须寻求适合国际邮轮乘务专业建设的提升方法，使邮轮服务人才的培养适应全球邮轮行业发展需求。

1　国际化邮轮乘务人才特质

1.1　专业技能

邮轮提供住宿、休闲、娱乐、旅游、观光等各种个性化的服务项目,服务性岗位涵盖了演艺人员、厨师、客房服务员、餐厅服务员、前台接待员等,每种岗位要求的技能和素质都是不一样的[1]。国际邮轮乘务人才的培养,除一般的旅游知识外,专业知识技能的培养是基础。

1.2　社交能力

邮轮旅游作为国际性的度假模式,员工和游客均来自世界各地,邮轮服务人员也需要具备跨文化的国际视野、流利的外语交流能力,才能在邮轮上更好地与同事相处,更好地为游客服务。

1.3　综合素质

邮轮旅游作为一种高端的旅游方式,需要乘务人员具备较高的职业素养和人文素养。吃苦耐劳的职业精神、高度尽责的安全意识、精湛娴熟的专业技能、以客为尊的服务理念、端庄优雅的行为举止、积极阳光的心理素质、强健活力的身体素质,都是邮轮乘务人员必不可少的职业素养。掌握世界人文知识、旅游知识、海事知识等,具有良好的沟通和协调组织能力,具备服务创新意识和获取信息的能力,人文素养的提高,对邮轮乘务人员岗位提升大有裨益。

2　邮轮乘务专业建设提升方法

2.1　中外合作办学,成立邮轮专业国际化办学工作委员会

中外合作办学是专业走向国际化的主要路径。运用跨界思维,开展国际合作办学,服务于"走出去"战略以及对外开放大局,提高职业教育的辐射力和影响力。一是探索互认专业、互认课程、互认学分机制,有效推动职业教育课程设置的国际化进程;二是建设境外办学的模式,推进校企合作境外办学,构建跨境技能人才培养机制,搭建海外实习就业平台;三是扩大校内外的交流途径,通过国际游学项目、社会实践项目、参加国际技能比赛等拓展学生国际化视野和思维;四是设立国际邮轮乘务人才培养基地,通过访学、海外实习等形式,组织学生到境外开展交流活动,获得海外学习实践经历;五是通过开展形式多样的国际文

化活动或文化节,开展英语沙龙活动等活动形式,让学生在交流中培养团队精神,在各种文化交流中领略各地风土人情。

可成立邮轮专业国际化办学工作委员会,由学院领导、外方教育机构负责人、企业负责人组成。定期召开委员会工作会议,讨论国际化办学的相关重大事项,负责合作项目的运作、管理及全方位推进。由专业负责人具体负责落实并实施培养合作项目。签订中外合作订单培养协议,明确双方职责义务,分工合作,共同完成人才培养目标[2]。

2.2 突出国际特色,优化专业课程体系

对于职业教育邮轮乘务管理国际化专业人才培养来说,突出国际特色,课程体系的优化非常关键。首先,优先选择国际标准的专业教材。一方面,依据邮轮岗位要求及邮轮专业课程特点,强化学生在外语方面的学习,着重培养学生的国际交际能力及服务能力,在日常教学中,重点强调学生各种涉外业务的应急处理能力等[3];另一方面,根据国际邮轮乘务岗位能力要求,设置相关课程,将与主要工作岗位相对应的课程作为核心课程。其次,职业教育邮轮乘务管理专业应尝试将境外资格证书认证体系引入本专业,开拓学生的专业学习空间,使其获得更多国际职业资格证书[3]。

2.3 注重师资建设,组建双语双师教学团队

国际化人才培养成败的关键是师资,必须重视国际化师资队伍的建设。采用多种方式,组建双语双师教学团队。邀请合作企业的培训师等骨干人员加入教学团队,真正参与课程教学,教授学生实操知识,使专业课程教学与国际化接轨。此外,加大教师的培养力度,如组织访问团、考察团、研习团等,派遣教师去海外参加考察或交流。教师访学后将所学到的国际化教学理念或方式在国内教学中予以实践,有利于教师自身素质的提高。鼓励专业教师到国际邮轮上挂职锻炼或考取国际认证职业证书等,提高教师专业实践能力。鼓励教师积极开展双语教学与研究,借鉴国际先进教学方法,提高教学质量。

2.4 丰富教学资源,合作开发教材资源

校企合作开发符合邮轮乘务岗位需求的、突出专业核心职业能力的双语教材,确保教材编写语言表述准确规范,教材内容与行业接轨、与国际接轨。例如,《餐饮服务实训》《邮轮客舱服务实训》《邮轮前厅服务实训》等双语实训教材,以

技能训练为主线,以相关知识为支撑,探索项目教学在实训中的深入全面应用,形成实训教材系列,培养学生综合职业素质和创新能力[4]。校企合作建设专业教学资源库,做好专业课程资源库建设,实现可不受时空限制的学习,并能掌控学生学习情况,达到提高教学质量的目标。

2.5 提高实训水平,深化实训基地建设

建设实训基地,为培养学生职业技能和素养提供保障。目前国际邮轮乘务管理专业的校内实训内容主要有客房实训、保洁实训、酒吧实训、咖啡吧实训、厨房实训。在此基础上,可考虑与企业合作,把邮轮乘务岗位的岗前培训与在校生实训项目结合起来,建设校外实训实习基地,提高实训真实性。此外,还可建设国际邮轮乘务专业虚拟仿真综合实训基地,将虚拟现实技术应用于邮轮人才培养的过程中,把企业的前期岗位培训与学校的实训教学项目结合起来,实现"工学结合"的实训教学功能[5]。

2.6 拓展就业渠道,实现实习就业国际化

与国内知名外派公司、培训机构建立长期合作,由企业定期派遣培训师给学生上课,共同培养学生。安排学生到国内外高星级酒店、长江邮轮或海上国际邮轮实训。不断地拓展合作企业与就业渠道,为毕业生提供高层次的国际化就业机会。鼓励学生到境外酒店或邮轮公司任职,并与境外企业签署人才培养协议,实现国际化的校企合作。

3 结语

基于国际化办学的顶层设计理念,根据行业对人才的需求及岗位能力要求,紧跟国际邮轮乘务专业人才需求动态,加大与国外职业教育机构的交流合作,创新人才培养模式,师资队伍建设与邮轮教材开发并举,实训基地建设和就业渠道拓展并重,实现人才培养标准与国际邮轮企业需求对接,使学生所学内容与企业实际需求同步,有助于提升国际邮轮乘务专业建设。

参考文献:

[1] 邬玮玮.高职院校国际邮轮乘务专业人才的培养路径[J].航海教育研究,2014(4):81-83.

[2] 张蕊,郑燕华.产教融合背景下高职国际邮轮乘务管理专业人才培养路径探索[J].职业技术教育,2019(2):32-36.

[3] 吴肖淮."一带一路"与海南高职旅游类专业国际化发展途径探索[J].中国商论,2018(34):146-147.

[4] 郑燕华."四段融合、海陆互通"人才培养体系研究——以国际邮轮乘务管理专业为例[J].教育理论与实践,2019(6):25-27.

[5] 姜宏刚,黄华.产教融合背景下校企共建校内实训基地路径实践研究[J].滁州职业技术学院学报,2017(4):16-18.

作者简介：

高树良,上海港湾学校校长,交通运输与管理硕士,研究方向为教育与管理。

校企合作背景下的"前厅服务与操作"课程开发

姜超雁,周立希

摘　要：校企合作模式在中职高星级酒店运营与管理专业实训教学中的应用是一种必然趋势,将会给教学工作注入源源不断的生机和活力。在校企合作背景下,对"前厅服务与操作"课程的设计思路、教学目标及整体结构进行设计,并制订校企合作实践课程实施方案,最后提出校企长效合作的保障措施,以充分发挥校企合作的优势,提高专业实训教学水平。

关键词：校企合作；实训教学；酒店运营

0 引言

"校企合作、产教融合"已成为当前我国职业教育改革与发展的方向,也是我校职业教育存在的"老大难"问题。在校企合作中,一直存在着企业积极性不高,参与程度不深；牵头单位多为职业院校,凝聚力、吸引力不足,企业的主导作业没有发挥等问题。《国务院关于印发国家职业教育改革实施方案的通知》(国发〔2019〕4号)中8次提到了校企合作,其中强调：深化产教融合、校企合作,育训结合,健全多元化办学格局,推动企业深度参与协同育人,扶持鼓励企业和社会力量参与举办各类职业教育；校企共同研究制订人才培养方案,及时将新技术、新工艺、新规范纳入教学标准和教学内容；职业院校应当根据自身特点和人才培养需要,主动与具备条件的企业在人才培养、技术创新、就业创业、社会服务、文化传承等方面开展合作。

因此,为顺应国家政策与职业人才发展的需求,在"前厅服务与操作"课程开发过程中,我校积极尝试与上海温德姆酒店开展校企合作。校企双方共同制订课程标准,开展课程平移教学,开展短期实践及跟岗实习等项目,共同培养学生,使学生掌握前厅部各项服务工作的操作流程、标准和服务技能,具备胜任酒店前厅服务员、前厅礼宾以及大堂经理等岗位的能力,为其日后从事酒店前厅部工作奠定基础。

1 课程开发设计思路与教学目标

为保证课程开发的实用性,企业专家必须参与到课程的开发中来,只有这样,企业岗位技术与教材的关联度才能得到更好的保障。在企业专家指导下,教材内容达到与行业要求、岗位需要相吻合。因此,企业专家参与的课程开发必须彻底以实际操作的顺序为单位进行原知识体系的分解,并在这一过程中打破思维定势,从而引导学生基于实例完成过程逐个掌握知识,要求学生立即掌握实例涵盖所有知识的认知必须被摒弃。值得注意的是,中职专业课程涉及的知识可细分为理论知识和实践知识两类,校企合作背景下的课程开发便是为了实现两类知识的深入融合,以此即可解决传统教学长期存在的理论知识与实践知识割裂问题。

"前厅服务与操作"课程是酒店管理专业的一门专业核心课程,同时也是一门酒店管理专业的实训课,此课程以岗位实际操作的顺序为单位进行,使学生熟悉预订服务、入住服务、住店服务、离店服务过程,掌握酒店前厅的宾客接待流程,掌握前厅的实操技能。同时,学生在学习知识的同时能掌握最新的酒店管理理念、酒店创新服务方式,从而提高学生在接待服务、与宾客之间的沟通以及处理客人投诉等方面的能力。"前厅服务与操作"课程教学目标见表1。

表1 "前厅服务与操作"课程教学目标

目标	内 容
素养目标	具有良好的沟通协调能力、团队合作能力,与团队成员共同完成岗位接待任务;有良好的自我保护意识和对客服务意识,具有一定的亢压能力
知识目标	能掌握实训酒店前厅预订服务、入住服务、住店期间各种服务的服务流程书面知识;初步掌握实训酒店使用的 MIS 操作的意义,认识客房清洁使用的工具以及各种工具的使用方法
技能目标	能正确认识前厅与客房各种设施设备及其使用方法;能独立完成客人入住登记接待;能独立完成客房清洁、客房服务操作;操作规范化、程序化和标准化,能通过前厅和客房设施设备为客人提供服务;具备独立工作能力、自主学习能力、处理客人特殊情况的能力

2 课程整体结构设计

课程以工作过程系统化为导向,以接待客人类型为载体,按照难易程度把课程内容设计为散客接待服务、团队接待服务以及VIP接待服务3个学习情境,每个学习情境都包含4个子情境,分别是客房预订服务、入住服务、住店服务、离店服务。把前厅的工作流程整合成为一项完整的接待流程,其中住店服务包括客人在入住期间前厅部提供的个性化服务、常规服务以及各项客房服务。

2.1 课时分配

"前厅服务与操作"学时分配见表2。

表2 "前厅服务与操作"学时分配

学时

教学和实操内容	方式	认识	复习	巩固	小计	考查	合计
一、认识前厅		2	2	1	5		5
1. 前厅的内容与服务	课堂	0.5	0.5	0.25			
2. 前厅的功能分区	课堂	0.5	0.5	0.25			
3. 前厅部的组织架构	课堂	0.5	0.5	0.25			
4. 前厅部岗位职责	课堂	0.5	0.5	0.25			
二、客房预订		2	2	1	5		5
1. 客房房型	现场	0.5	0.5	0.25			
2. 客房预订程序	现场	0.5	0.5	0.25			
3. 客房预订软件	现场	0.5	0.5	0.25			
4. 管理和处理预订房	现场	0.5	0.5	0.25			
三、入住接待		2.5	2.5	1.25	6.25		6.25
1. 办理入住登记的程序	现场	0.5	0.5	0.25			
2. 入住登记中常见问题的处理	现场	0.5	0.5	0.25			
3. 入住接待服务程序	现场	0.5	0.5	0.25			
4. 入住接待的行李服务	现场	0.5	0.5	0.25			
5. 行李寄存服务	现场	0.5	0.5	0.25			

表 2(续表)

学时

教学和实操内容	方式	认识	复习	巩固	小计	考查	合计
四、住店服务		4	4	2	10	1	12
1. 酒店前厅问询服务	现场	0.5	0.5	0.25			
2. 留言、传真等信息的发送	现场	0.5	0.5	0.25			
3. 客人换房服务	现场	0.5	0.5	0.25			
4. 邮轮客舱服务	现场	0.5	0.5	0.25			
5. 叫早服务和物品转交服务	现场	0.5	0.5	0.25			
6. 商务中心服务	现场	0.5	0.5	0.25			
7. 客史档案的内容及管理	现场	0.5	0.5	0.25			
8. 其他综合服务	现场	0.5	0.5	0.25			
五、离开服务		2	1	2	4		4
1. 收银退房服务	现场	1	0.5	0.5			
2. 离店行李服务	现场	1	0.5	0.5			
六、综合能力		1.5	1.5	0.75	3.75	1	3.75
1. 前厅部员工的素质与能力要求	课堂/现场	0.5	0.5	0.25			
2. 行李部员工的素质与能力要求	课堂/现场	0.5	0.5	0.25			
3. 前厅服务沟通技能	课堂/现场	0.5	0.5	0.25			
合计							36

2.2 校企双方教学任务与要求

（1）学校方面：专业教师首先深入企业与一线工作人员组成教材开发组，由此建立酒店管理岗位的系统化课程标准。然后在开展实训教学之前，教师要将实训任务部署下去，让学生做好思想和行动上的准备，建立学校、酒店、家长和学生四方实习协议。实训教学场所为校外实训基地，真实的顶岗实习让学生更快地进入到岗位工作中。酒店管理实训教学形式，可以减轻学生的学习负担，为学生的安定学习提供机会。在这种校企合作教学模式的实施中，学校教师负责学生酒店管理的理论知识。

（2）酒店方面：酒店选派技术人员参与实训教材开发，配合学校建立系统化的课程标准。通过校企深度合作，企业人员将为教材开发提学习情境和学习任务设计。学习情境和学习任务设计必须考虑酒店管理岗位工作任务的复杂性，由此将任务拆分为适合教学的"学习性工作任务"，即可为教学改革提供充足支持。学生步入到酒店实习岗位后，则成为了酒店中的一员，负责为酒店的建设和管理出谋划策，还要严格履行岗位职责，给酒店创造效益。对于实训过程中出现的问题，酒店指导教师要及时提供指导，或让学生以小组讨论的形式来解决，帮助学生认识自己的不足，逐步提高学生的实践能力。

3　校企合作实践课程实施方案

大多数学校开设"前厅服务与操作"实训课都是采用校内任课教师自行承担，或者通过"请进来"由酒店经理到校上 1～2 学时的方式，但无论哪种方式都只能达到"模拟场景、模拟实训"的效果。我校的改革是将 72 学时的教学时间安排学生到酒店上课，由任课教师和部门经理共同授课，课程的改革不仅是内容上的变化、结构顺序的重组，而且也是教学场所的变更。通过实训课，学生第一次在酒店环境下体验工作场所，真正体验岗位的工作流程和工作职责。

学生问卷调查也显示，55.6%的学生希望采用校外酒店的教学实践场所，只有 7.4%的学生希望还是采用传统校内实训室，而 22.8%的学生则建议拓展现有教学场所。学生希望增加在酒店的课程实训时间，以便在酒店学到更多的实操技能。

"前厅服务与操作"课程用职业能力表述课程目标，采用校企合作教学方法、情境模拟方法、实地教学、酒店岗位体验等多种教学方法。课程总学时为 36 学时，采用理论教学 8 学时＋校内实训 28 学时的模式；同时，在第 5 学期还安排 72 学时的企业实训。此外，由于专业实施计划的安排，与"前厅服务与操作"课程同时安排酒店实训的还有"客房实训""酒吧实训""咖啡吧实训""餐厅实训"等实训课，所以安排学生在酒店实训环节时间为一个学期，每门课安排 72 个学时。

具体实施方案包括：①时间。高星级饭店运营与管理（邮轮服务与管理）教学计划第 5 学期。②酒店。学校于课程开设之前 2 个月，与 2 家校企合作酒店进行沟通协调,考虑到多方面的因素(主要考虑距离),因此最终选择了离学校只有2公里的上海温德姆酒店。③岗位任务。酒店制订实训课程安排表,酒店实训主要分为理论知识培训和跟岗实操两大部分。理论知识培训由校内任课教师和酒店部门经理分工合作按照项目任务安排和学习情境的知识系统进行课程教学培训,每个岗位培训时间至少为一个月。培训结束马上进入跟岗实习环节,跟岗环节由学生跟着老员工,由老员工进行"一对一"的指导。部门经理和教师会在营业场所的现场进行管理和评价,分别在酒店的前厅部、客房部、中餐厅、西餐厅、酒吧五个部门轮岗轮流学习。④考核方式。本课程采用过程考核评价的方式,以代替传统的笔试考核,主要分为德育考核和技能考核。德育考核占40%,由学校进行考核。技能考核占60%,由酒店进行考核。在技能考核中,酒店主要基于工作过程系统化为导向的能力考核方法,把考核模块分为专业能力、方法能力、社会能力。其中:专业能力包括三大情境中每个子情境的分项能力;方法能力包括分析解决问题力、自主学习能力、信息收集与处理能力;社会能力包括团结协作能力、工作态度、表达能力。

总之,从传统的单一的考核形式向多种考核方式结合转变,更加重视学生学习的过程和效果。酒店基于工作过程系统化为导向的考核指标见表3。

表3 酒店基于工作过程系统化为导向的考核指标

能力	内容
专业能力	客房预订服务
	入住服务
	住店服务
	离店服务
方法能力	分析解决问题力
	自主学习能力
	信息收集与处理能力
社会能力	团结协作能力
	工作态度
	表达能力

4 校企长效合作的保障措施

4.1 成立校企长效合作指导委员会

学校在校企合作中,可以从酒店选聘专业的管理者及服务人员担任专业指导委员会的成员,对酒店管理专业的计划、目标以及课程设置等进行指导,从而制定全新的培养目标,深入课堂对学生进行实践指导与培训。建立完善的外聘教师选聘机制,充实和丰富高星级酒店运营专业的外聘教师团队。酒店选聘一批优秀的酒店管理人员到学校担任实训或操作教师,定期开展专业讲座,让学生接受实践管理与操作方面的技能,从而为参加实训及今后走上工作岗位奠定基础。

4.2 加强校企深度合作

校企合作是学校与企业实现双赢的一种培养模式,要不断深化合作。在合作实践中,不只是单纯地由学校派学生到酒店去实习,而是在课程设置、教学计划以及顶岗实训等环节中,学校加强与企业的合作,由企业的专业教师负责审核,并针对人才的需求情况及时作出调整,提高教学的时效性和针对性,增强学生的实践操作能力及水平。

4.3 构建学校、酒店、学生、家长"四方共赢"的合作机制

《国家中长期教育改革和发展规划纲要(2010—2020)》明确提出,将推进校企合作制度作为促进企业发展的重要方式。利益是推进多方合作的基础,因此需要:一是学校要做好学生的合作工作,让学生真正体会到参与实训的重要性,增强学生的实践操作能力;二是酒店要积极参与合作,健全合作机制,提升实训的效果;三是学生要对顶岗实习及其他的实训内容有深刻的认知,以积极的态度投入到实训中,提高实际操作能力;四是家长要鼓励学生,在掌握理论知识的同时积极参与实训,在真正的酒店管理与服务中提高服务技能。此外,建立联合型的校企合作领导机制,真正实现学校与企业的深化合作、互利共赢。

4.4 提高学生抗压能力

实训学生是中职学生,对酒店的工作环境认知不足。虽然在课堂上教师会多次对学生进行职业素养、职业环境的培训,但是对实实在在真正的酒店环境体验得并不多。实训跟岗期间是和客人近距离接触,有时遇到客人的负面情绪会影响到实训学生的实训效果,因此提前对学生进行抗压能力的训练是非常必要的。

参考文献:

[1] 教育部.国家中长期教育改革和发展规划纲要(2010—2020年)[Z].2010.

[2] 徐永清.高职酒店管理专业实践教学管理体系改革与实践[J].职教论坛,2015(5):89-92.

[3] 梁晶,范坤.高职酒店管理专业校企合作模式探析[J].中小企业管理与科技(下旬刊),2014(33):274-275.

[4] 郑王晶,叶城锋.基于工作过程化为导向的酒店管理专业职业核心课程体系改革——以泉州理工职业学院酒店管理专业为例[J].山东商业职业技术学院学报,2017(6):43-46.

[5] 任红蕾.基于工作过程的教学模式改革实践——以高职课程'前厅服务与管理'为例[J].文化,2015(2):245-246.

[6] 高旗红.基于工作过程系统化"饭店前厅与客房管理实务"课程开发[J].现代教育管理,2015(6):258-259.

作者简介:

姜超雁,上海港湾学校邮轮乘务专业教师,研究方向为交通运输规划与管理。

基于实践教学模式的"客房服务与操作"课程开发

姚培红,姜超雁

摘　要:"客房服务与操作"是高星级饭店运营与管理专业的必修课程,也是一门重要的实训课程。通过对酒店客房工作人员职业情况调研,阐述实践教学在"客房服务与操作"教学中的重要性,然后从目标优化设计、教学方法与课时分配对"客房服务与操作"课程进行实践教学设计并提出相关的保障措施。

关键词: 实践教学;客房服务与操作

0　引言

　　2019年2月13日,国务院印发了《国务院关于印发国家职业教育改革实施方案的通知》,把职业教育摆在教育改革创新和经济社会发展中更加突出的位置,各大职业院校要完善职业教育和培训体系。不难看出,目前国家对大力发展中等职业教育给予极高重视,我国中等职业教育也迎来了黄金发展时期。但和国外相比,国内职业教育缺少实践经验积累,对于"客房服务与操作"课程的教学也是如此,仅仅注重理论讲解,忽略了实践教学的辅助作用,且存在较多问题。因此,为充分实现我国的中职教育培养目标,发挥中职教育育人职能,形成具有特色的教育模式,不断提升其教育质量,就必须要着手教学改革,提高实践教学地位。

1　基于实践教学模式的"客房服务与操作"课程开发的意义

　　对我校中等职业学校的"客房服务与操作"进行开发,可以进一步提升我校职业教育资源的合理配置,有效提升教学效率和教学质量,从而进一步提升学生的职业技能水平,提高就业质量。受传统的教育机制影响,"客房服务与操作"课程相关教材在内容选择以及编写设计方面都更加趋向于使用高等院校的权威教材,在理论层次方面更加专业化,这直接导致职业院校学生认为理论知识枯燥乏味,缺乏学习热情;除此之外,有关专业技术能力的提升也较少涉及,操作性较弱,对于学生的实践指导作用不甚明显。基于这种现实状况,在对"客房服务与操作"课程进行革新设计的过程中,需要进一步将企业需求作为重要的改革方向,并且邀请相关的行业专家来参与到教程的开发过程中,提升教程的实用性。由于课程的开发设计原则以实践教学为核心,以企业需求作为方向,因此更加关注学生的职业能力水平,有效提升学生的职业素养,从而实现学生零距离上岗。这为中等职业教育培养符合社会需求的人才提供了有力的保障。

2 酒店客房工作人员职业情况调研

2019 年 8 月,笔者实地考察调研了武汉、贵阳、桂林等地的四家酒店,分别是武汉华榜酒店、桔子水晶酒店、桂林喜来登饭店、阳朔静然山水酒店,主要调查中职高星级酒店服务与管理专业学生在酒店客房部职业发展情况。此次调研结果显示:中职学生去酒店的起始岗位皆为基础性工作,有客房文职、客房服务员、楼层服务员。在工作几年之后,有 26% 的人晋升到了领班的职位,有 11% 的人晋升到了主管,没有人晋升到客房经理,因此中职学生在客房的职业发展最高能晋升到领班岗位,在个别案例中,少数人能够晋升到主管。

从调查的结果中可以看出中职"客房服务与操作"课程现状并不容乐观,主要原因在于教学内容与酒店客房需求部分脱节、教学方法单一化,教学评价片面化,要提高教学效果,使学生能真正走出去,还需结合酒店用人单位的需求。因此,中职"客房服务与操作"课程改革应从就业的职业岗位(群)入手,以实践教学为导向,培养学生的专业能力与综合素质,尽早让学生适应工作角色的转换,提升职业变化的能力。以实践教学为导向的实践教学优化是以实际的工作岗位、工作任务为依据,开发出与未来职业相关的课程情境,而基于实践教学模式的"客房服务与操作"课程开发可以弥补以上缺陷。

3 基于实践教学模式的"客房服务与操作"课程设计

3.1 "客房服务与操作"目标优化设计

在进行课程设计开发的过程中,首要工作便是要确定科学的课程目标,并选择有利于学生学习的教学方法。设计好一个学习情境,将原有书本的专业知识技能在分开独立的状态下进行整合重构,真实地完成具有详细工作流程的某项工作任务,从而进一步形成自己的职业专业能力。根据对典型任务的分析和描述,可以确定实践教学导向的"客房服务与操作"课程目标,具体描述见表1。

表1 "客房服务与操作"课程目标

项目	内容
学习领域课程	客房服务与操作
教学课时安排	36课时
典型工作任务描述	根据客房服务员工作任务的难度增加,工作能力的增长,设计出不同阶段客房服务员典型工作任务的学习情境
总体目标	立足于岗位工作的基础之上,利用多元化的教学手段以及丰富的教学资源,引导学生在学习情境的实践过程中掌握相关的服务管理知识,以期培养出综合素质较高的酒店服务管理人才。通过对客服务的学习,提高学生的接待服务能力;通过实训操作,锻炼学生的技术操作能力;通过理论知识学习,增强学生的基层管理能力;通过企业实践,提升学生的工作适应能力
知识目标	1. 了解客房产品的概念和构成; 2. 掌握客房部的主要任务、业务分工和主要职责; 3. 熟悉了解各种类型客房清洁的程序、标准和动作要领; 4. 掌握清洁服务的步骤流程,以及清洁质量控制的标准和方法; 5. 了解客房计划卫生的意义,掌握客房清洁保养周期并学会安排内容; 6. 熟悉客房的接待流程,并详细了解接待服务环节流程与项目内容; 7. 学会了解客房服务质量的内涵、服务质量构成、标准以及质量控制方法; 8. 详细了解规范化服务和灵活性服务、个性化服务三者之间的关系,了解优质服务的内涵和要求; 9. 认识并会使用客房的各种设备,以及会分辨物品的种类和标准; 10. 掌握客房设备用品使用、维护和控制管理的方法; 11. 详细了解客房安全管理的特点,熟记房安全管理原则和主要内容; 12. 学会掌握酒店事故和特殊情况处理的方法和要领; 13. 详细了解客房部门的人力资源管理的主要内容

表1（续表）

项目	内容
能力目标	1. 准确认知酒店在不同类型房间设计方面的各种特征，能够正确介绍房间类型和房间设施的功能布局； 2. 能够掌握房间内专业英语词汇的听力和写作能力； 3. 能够掌握房间中西式包床和铺床的程序、方法，并拥有相应的操作技能； 4. 可以按照程序与标准独立完成走客房的清洁打扫工作； 5. 能够掌握每日领班客房卫生检查的程序、要求与标准，并且学会查房的操作方法
素质目标	1. 培养学生具有制定相关工作计划和工作步骤的能力； 2. 培育学生具备文献查阅和信息收集的能力； 3. 培养学生具备信息处理能力、交流和协商能力； 4. 培养学生自我评估的能力以及解决实际问题思路的能力； 5. 培养学生具有钻研新技术的方法能力和独立思考问题的能力； 6. 强化学生的合作精神，使之掌握基本的人际交往技巧； 7. 强化学生的自我批评和批评能力； 8. 培养学生积极向上、勇于创新的工作作风

3.2 "客房服务与操作"的教学方法与课时分配

通过自主学习以及合作学习的方式来完成教师所创设的相关教学情境任务，一边完成任务一边学习新的知识，使学生的职业素养水平得以提升，在实践中加强知识的理解，在学习的过程中加强实践，将知识与实践更好地融会贯通，从而构建起完整的知识框架，如案例分析法、角色扮演法、引导文法、项目教学法等。在"客房服务与管理"课程设计过程中，主要采用项目教学法、任务驱动法、角色扮演法等来完成分配的课时，见表2。

表2 "客房服务与操作"学时分配

学时

教学和实操内容	教学方式	认识	复习	巩固	小计	考查	合计
一、认识客房		2.5	2.5	2.5	7.5		7.5
1. 客房风格、类型和主要功能	课堂	0.5	0.5	0.5			
2. 客房设施设备及物品识别	课堂	0.5	0.5	0.5			
3. 客房布局	课堂	0.5	0.5	0.5			

表 2(续表)

学时

教学和实操内容	教学方式	认识	复习	巩固	小计	考查	合计
4.客房健康卫生知识	课堂	0.5	0.5	0.5			
5.邮轮空间划分和基础设施		0.5	0.5	0.5			
二、整理和清洁客房		3.5	3.5	3.5	10.5	1	11.5
1.客房整理程序	现场	0.5	0.5	0.5			
2.床铺整理	现场	0.5	0.5	0.5			
3.客房清洁	现场	0.5	0.5	0.5			
4.卫浴室清洁	现场	0.5	0.5	0.5			
5.家具、家电等物品清洁保养	现场	0.5	0.5	0.5			
6.客房的杀菌消毒	现场	0.5	0.5	0.5			
7.邮轮客舱整理与清洁	现场	0.5	0.5	0.5			
三、客房面对面服务		2.5	2.5	2.5	7.5	1	8.5
1.对客服务行为规范	现场	0.5	0.5	0.5			
2.规范进房程序	现场	0.5	0.5	0.5			
3.对客特殊事件处理	现场	0.5	0.5	0.5			
4.客人借用及索赔程序	现场	0.5	0.5	0.5			
5.处理宾客投诉	现场	0.5	0.5	0.5			
四、紧急处置		2.5	2.5	2.5	7.5	1	8.5
1.店内出现可疑人员或突发情况	课堂/现场	0.5	0.5	0.5			
2.宾客醉酒处置	课堂/现场	0.5	0.5	0.5			
3.可疑物品(爆炸、放射物质)处置	课堂/现场	0.5	0.5	0.5			
4.酒店内案件处理流程	课堂/现场	0.5	0.5	0.5			
5.火情特殊情况处置	课堂/现场	0.5	0.5	0.5			
合计							36

注：教学方式中的现场指的就是现场实践教学,即在客房实训室或者实训基地的酒店客房进行实践操作教学;教学方式中的课堂指的是课堂理论知识教学

4 "客房服务与操作"课程实践教学的保障策略

4.1 创造良好的实践教学条件

创造良好的实践教学条件,这是"客房服务与操作"课程实践活动能否顺利开展和进行的决定性因素,学校应该出台相关的指导措施,并提供适当的经费。有了经费保障,才能让学生到基地进行实际操作和训练,将所学知识和技能应用到训练当中。

实施学校内、外的课堂实践教学,将"客房服务与操作"课程实践教学的场所放在校外与校内,尤其是校外实践基地的拓展。校外实训基地主要包括与中职院校有合作关系的企业或由中职院校与相关行业、企业等会联合建立的能够帮助学生更加深刻理解客房服务知识、掌握客房服务技能、熟练运用客房服务技巧的实训基地。在校外实践教学模式下,教师的主导作用逐渐被实践教学淡化,更多的则是由行业专业人员、企业专家等为学生提供相关指导,帮助学生习得相关岗位所需的工作技能。

4.2 聘请校外酒店客房专业人员

学校招聘课外实践教师时可以考虑酒店客房部门的专业人员,他们的服务经验比较丰富,可以通过讲述自己的实际案例来对学生进行指导和培训,培训效果比传统教师一味讲授理论好的多。此外,还要在建设客房服务与操作课程实践教学基地方面投入一定的人力、物力、财力,实践教学基地应当配有实践教学模拟客房、客房服务实训室,而且房间内的各种设备和工具应当一应俱全,而学校之外的实训基地则应该直接以酒店、邮轮业为主,通过实际训练和实操,强化学生的理论知识,并且趁此机会与酒店、邮轮业结成长期的人才培养合作计划,以学校出人才、他们出场地的方式来充分发挥双方的优势,这不但可以为人才毕业找到去处,而且也能促进当地旅游行业的发展。

4.3 积极鼓励参加各种竞赛活动

要结合中职学校的课堂特征组织丰富的竞赛活动,要将"从实践中来,到实践中去"的理念灌输给中职学生,而且要鼓励他们多进行尝试,跳出课本的局限,使之用于参与各种课外活动,引导学生与教师共同设计一些有利于提升客房服务知识水平的竞赛活动,如个人形象设计大赛、公关客房服务大赛等,丰富校园的竞赛活动类型。如果人力、物力、资金足够的话,中职学校可以尝试延伸活动的范围,不再局限于学校之内,可以带领学生到校外参与其他有关酒店服务的竞赛,若得奖可以提升学校知名度,即便未获奖也能锻炼学生动手能力,开阔其视野。

4.4 鼓励学生参加课外实践活动

在整个客房服务与操作课程教学实践活动中,课外实践活动是一个相当重要的环节,起到了补充课内实践教学的作用,二者彼此联系。若要保证学生能够将课堂所学知识应用到实践中,就要引导学生参与到各种涉及客房服务的活动中去,如酒店客房市场调查、酒店客房工作策划、酒店客房服务满意度调查与评价、客房设施产品营销策划等,发挥学生的聪明才智。通过参与这些实践活动,学生可以验证自己所学的理论是如何在实践中运行的,这样才能加深他们对知识点的印象,真正做到学以致用,同时还能利用这个过程强化学生的社交能力,使学生在毕业之后能够找到自己心仪且专业对口的工作,为社会发展贡献自己的力量。

4.5 给予全面的绩效奖励

在评选荣誉称号、评定奖学金、选拔学生干部的过程中对实践成绩予以考虑,丰富课程考评的方式方法,并对现有的客房服务与操作课程考核评价方式进行调整和补充,以改善客房服务与操作课程的实践教学效果,充分调动学生参与课内外实践学习的能动性。

参考文献:

[1] 方静.高职理实一体化课程考核改革探索——以酒店管理专业"客房服务与管理"课程为例[J].现代职业教育研究,2014(4):20-24.

[2] 国务院."十三五"旅游业发展规划[Z].2016.

[3] 赵丹,王晓欢,吴莹,等."客房服务与操作"课程校企合作成果小结[J].旅游纵览(下半月),2018(10):208.

[4] 林文超.现代学徒制在高职酒店管理专业课程教学改革中的应用探索——以客房服务与管理课程为例[J].度假旅游,2018(10):76-78.

[5] 肖玉双.基于岗位技能分析的酒店客房服务与操作课程的探索[J].旅游纵览(下半月),2018(7):211.

作者简介:

姚培红,上海师范大学毕业,学士学位,上海海事大学高等技术学院讲师,研究方向为职业英语教学。

中职邮轮咖啡吧台实训课程开发与探析

庄庆鹏

摘　要：随着我国职业教育的深入发展和职业教育的深化改革，实训课程受到中职院校高度重视。实训课程是中职教育的重要环节和实践部分，可以说，实训课程在一定程度上映射了中职教育的本质，甚至关乎着中职人才教育目标的实现。邮轮专业作为一个要求学生掌握实践技能的专业，实践能力的掌握便成为专业重点，因此以中职邮轮咖啡吧台实训手册等实操技能要求较高的专业为例，对中职邮轮等相关专业的实训课程进行开发与研究，希望对邮轮专业实训课程的开发和利用提供新的思路。

关键词：实训；邮轮专业；开发与研究

0　引言

实训课程是职业教育中的重要教学环节，同时也是应用人才以及技能人才培育的必经之路。中职学校为了能够为社会培育出合格的技术人才，除了强化实训设施建设投入，引导学生实训外，最重要的是结合社会所需的针对性实训课程，从而使人才培养紧跟社会发展趋势，让学生能真正地适应岗位，培养出符合新时代社会需要的人才。因此，加强邮轮咖啡吧台实训手册等课程开发，深化与企业的合作关系，建设实训基地，发挥实训功能，是提高中职人才素养和职业水平的重要路径，也是中职教育的重要特点之一。实训课程理念见图1。

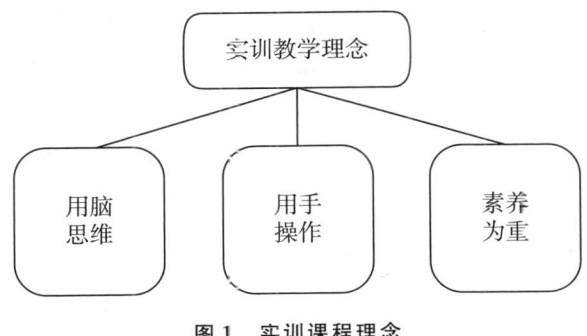

图 1　实训课程理念

1　邮轮专业实训课程开发研究背景

1.1　增强实训教学效果是中职邮轮人才培养的需求

中职教育的特点和技能人才培育目标,决定实训课程在中职教育过程中占据重要位置。中职邮轮专业与普通高校的培养目的不同,其以胜任邮轮业经营、服务等多种岗位的高素质技能人才为教育目标。中职邮轮专业培育的人才是促进邮轮行业发展的一线践行者,这样的岗位特点除了要求学生必须掌握邮轮理论知识外,重点还要掌握从事邮轮行业必须具备的所属岗位技能和行业能力。中职邮轮专业实训课程开发是学生学习岗位理论、掌握技能和综合职业能力的重要途径。因此,加强实训课程开发是中职邮轮人才培养的必经之路。

1.2　加强中职邮轮专业实训教材建设是提高教学质量的需求

实训教材开发是中职邮轮专业培育学生实践技能的重要途径,作为实训课程所依托的实训教材是培育邮轮高技能人才的必要保障,但实训教材大部分都存在重理论轻实践、没有岗位针对性、与邮轮人才需求脱轨、缺乏与职业标准衔接等问题。实训课程的质量将直接影响教学的最终效果,所以强化中职邮轮实训教材开发是加强教学质量的必然需求。

2　邮轮专业开发实训课程的必要性

2.1　培养邮轮技能型人才的保证

为满足中职教育人才培养的基本要求,发挥能力培育的中心定位,邮轮专业在发展中应加强对实践性课程环节的研究,最终实现理论教育与实践课程达成

1∶1的比例,邮轮咖啡吧台实训等实操能力强的专业实训课程开发,将有效提升中职学生的技能素养,学生通过生产、服务一线的工作实训,能够创设一种教与学双向互动的教学情景与岗位情景,在真实的岗位实践环境中训练和强化学生从事以及胜任邮轮岗位的实力,使课堂中的理论知识在实训中得到升华,实力在实训中增长。

2.2 中职院校邮轮专业课程建设的必要内容

邮轮咖啡吧台实训手册等实训课程开发是一项系统而复杂的工作,成功的实训课程开发是各中职院校人才培养的特色与重要标志。实训课程可以作为衡量邮轮专业质量高低的重要标准,是推动中职院校邮轮专业实训改革的基本条件,同时也是中职院校邮轮专业课程完善的重要标志。

2.3 学生获取邮轮业务知识和发展能力的保障

中职邮轮专业课程在人才培育中重点是理论与技能的结合,而实训课程在内容选取和编辑上重视客观性与实操性,强调理论知识的"专业、基础、实用"等标准,凸显以岗位技能培养为主、基础理论学习为辅的特征,把邮轮理论学习和各岗位需要的实操技能相结合,是中职学生获得专业知识以及发展能力的重要保证。

2.4 促进校企合作办学发展的需要

中职邮轮咖啡吧台实训手册把邮轮的实际工作和实训内容相结合,从而使实训课程更加贴合邮轮行业的实际发展需求,而实训教材的开发要不断了解邮轮行业的最新资讯,以时刻拓展实训内容的广度与深度,使实训课程开发能够时刻紧随邮轮发展趋势。因此,强化实训课程开发是强化中职邮轮专业以及邮轮行业发展的必然需求。

3 当前邮轮专业实训课程开发的缺陷

当前的中职邮轮服务专业实训教学依旧存在很多问题,这类问题严重妨碍了实训课程的开发和研究。许多学生即便能参与实训,但并未在实训中得到收获。因此,中职院校必须反思实训课程的设计问题,通过对问题进行分析,提出解决问题的方法,如此才能强化实训课堂的教学质量。

3.1 实训室建设资金投入不够

中职院校若要提升实训课堂质量,必须创建一个贴合实际情况、满足课堂需求的邮轮实训室,但大多数中职院校的实训室建设很难满足邮轮行业对于人才的技术要求。现阶段中职院校的实训教室建设主要依靠政府资金扶持,由于资金来源较为固定且有限,所以中职院校实训室硬件条件并不能完全满足学生的训练需求。

3.2 实训教学内容与职业需要存在一些差距

中职院校的实训教学与职业要求还存在很大差距。中职院校的实训课堂教学很多依赖书本知识,始终缺乏灵活,而社会中很多邮轮工作需要员工灵活处理各种突发事件,因此中职院校实训课堂教学很难满足邮轮工作需求。中职学生虽然在实训中了解了一定的邮轮服务流程,但对邮轮服务的技巧掌握依旧匮乏,一旦进入实际岗位便需要重新培训。

3.3 实训教学模式单一

中职院校实训课堂教学单一乏味,教师完成课堂理论讲解并独自展示一遍后,便让学生单纯模仿学习。教师全程监督学生,指出学生的失误。教师虽然完成了教学内容,但是对于学生来说是枯燥乏味的,在长期的循环教学中会使学生失去兴趣,并在后续的实训中处于被动,从而影响教学效率。

3.4 实训教材与职业资格标准缺乏衔接

"双证书制度"是中职邮轮专业的特色之一,它要求学生不但要取得学历证书还要获得有关职业资格证书。但是,有些中职邮轮实训课程的开发人员并未了解邮轮行业对人才的需求是什么,没能把专业的关键技巧内容涵盖到实训课堂中,导致实训课程的开发与邮轮行业的职业技能标准不统一,致使实训课程和职业资格标准无法有效切合,从而使学生需要在完成实训课程之后耗费多余的时间、资金去考取相关职业技能等级证书。

4 中职邮轮专业实训课程开发缺陷对策

4.1 在实训室建设中投入大量资金

中职院校可适当扩大实训方面的资金支持,融合邮轮行业的发展需求,加大教学设备建设,为学生创造一个贴合实际的邮轮环境。如此一来学生便能在实训中感受到与邮轮一样的环境。比如,在实训室设置邮轮大厅、吧台、客房等,当学生置身其中后便更加高效地学习,而且学生也容易感受到其中的乐趣。

4.2 改革并丰富实训内容

邮轮专业课程需要随着市场环境的发展而不断更新，才能符合时代要求。因此，在实训课程中需要设置两种内容，首先是技能培训，其次是理论教学，但不管是哪种实训都必须贴合邮轮行业发展的真实需求，使教学内容贴合行业实际。学生不但能接受职业技能培训，提升自己的岗位技能，也能够通过理论学习，了解最新的邮轮行业知识。

4.3 实训教学与传统课堂教学相结合

中职院校的教学标准必须遵循市场需求导向，培养符合市场要求的高标准邮轮人才。如此，中职院校才能实现最终的教学目标，才能充分发挥学生的实践能力，而不再仅是关注学生的科目分数。

教师应该将实训课程与传统教学统筹结合，在上完学生理论知识后，再引导学生参与实训练习。教师分配学生担任邮轮业务中不同的角色，给学生设置一个岗位情境，如此学生能够在真实模拟中进行投入实操。比如，在吧台服务技巧课上，教师可以选择学生轮流开展分角色表演活动，一组演客人，另一组演邮轮人员，完成之后再互换角色。学生通过真实的角色模拟可以对吧台服务的各个环节有一个全方位把控。

5 将实训周纳入中职实训课程

每学期开始之前，与合作的邮轮公司进行充分的协商沟通，留出几周作为学生的实习时间，在实习期间引导学生进入邮轮企业，熟悉邮轮企业各个部门的工作环境、工作内容等，并且同一级同一专业不同班的学生尽量错开进入企业实习。这种新的教学体系，不但不会对学校的理论教学产生较大影响，同时也不会打乱教学规律，更重要的是可以使学生提前对邮轮行业的相关工作进行熟悉和了解。与此同时，邮轮公司也可以根据自己的忙碌程度，选择合适的时间接收学生前来实习，这样学校、企业、学生自身都可以获益，实现共赢。实训课程开发流程见图2。

具体来说，可以从以下几个方面来考虑：

其一，邀请邮轮企业的相关专业人士，共同参与到学习邮轮专业的建设中，特别是在制订邮轮专业人才培养方案时，应当充分听取邮轮企业的意见，促进人

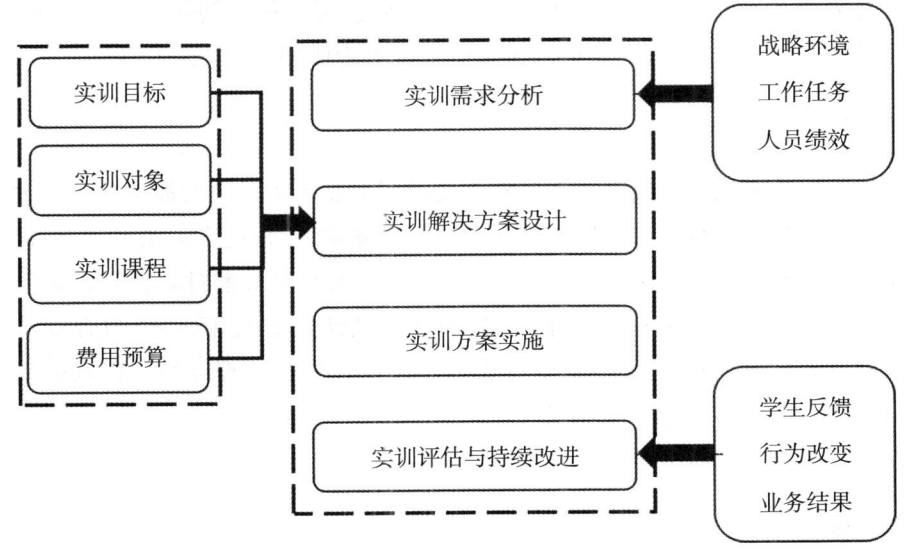

图 2 实训课程开发流程

才培养模式和优化培养方案。

其二,在学生刚入校时,邀请邮轮企业的相关管理人才前往学校,为学生进行邮轮行业相关知识的普及以及未来发展前景的预测,使学生可以对邮轮行业有更为深入的认识,进而确定自己的学习目标,制订学习计划,更有目的性地投入到未来的学习中。

其三,在开展"实训周"教学的过程中,邀请邮轮企业相关人员全程参与进去。在开展"实训周"时,可以先邀请邮轮企业的相关人士为学生讲解自身的企业文化、规章制度、组织架构、各岗位工作要求等,然后再由教师带领学生共同进入邮轮的不同岗位进行实习,进而完成对主干课程的实习认知,在这个过程中,要引导邮轮公司和学生对自身技能和特长进行充分的认识,进而为学生安排更为合适的实习岗位。

其四,在最后学年的集中实习阶段,教师不能像以往一样,将学生送到邮轮公司实习视为成功,而是在后续的工作中持续跟进学生的实习情况,这样做一方面可以提高教师的邮轮从业经验和实践教学能力,另一方面还可以帮助学生更好更快地融入企业的工作环境,帮助学生解决工作中存在的问题,进而使学生可以在集体实习的过程中真正获得成长。此外,要求企业、教师、学生三方对集中实习的效果进行相互评价,进而发现存在的问题,同时探讨问题产生的原因,进而完善校企合作模式,使以后的校企合作可以更为顺利。

6 结语

实训课程开发不管是对中职教育还是对邮轮业的实际发展都是一项非常重要的研究。要在有效认识中职邮轮实训课程的基础上,强化实训课程开发力度。除集合一线教师开展研发与编写工作外,还要组织业内专家对教材是否贴合邮轮专业学生身心发展进行严格审核,进而使实训课程集实用、科学与合理于一体,创造贴合实际需求的中职邮轮专业实训课程,打造适合学生发展需求的邮轮教材。

参考文献:

[1] 徐磊.中职旅游酒店管理专业校内实训室建设的探索[J].科技风,2019(17):47.
[2] 曾清.中职学校实训课程多元主体评价改革实证研究——以中职酒店专业为例[J].度假旅游,2019(3):109-110.
[3] 王亚男.中职院校酒店管理专业校内实训教学问题研究[J].太原城市职业技术学院学报,2018(10):174-175.
[4] 蔡家齐.酒店管理校内生产性实训基地建设研究[J].产业与科技论坛,2018,17(15):238-239.
[5] 张立俭.探析酒店管理校内生产性实训基地建设[J].现代营销(经营版),2018(6):144.
[6] 李晨.中职酒店英语实训教学优化研究[J].中外企业家,2018(3):186.
[7] 解晓宁.中职校内实训教学的现状及对策研究[D].烟台:鲁东大学,2017.
[8] 曹阳.酒店服务与管理专业校内实训教学研究[D].大连:辽宁师范大学,2017.

作者简介:

庄庆鹏,硕士,上海海事大学继续教育学院教师,研究方向为中职学生社团建设创新与管理。

规划与管理研究

上海港湾学校信息化建设规划

张 峰

摘 要：经过多年建设，上海市中等职业学校数字学校建设已具有良好基础，学校信息化应用程度显著加强，教师信息技术应用能力广泛提升。随着信息技术迅猛发展和应用广泛深入普及，支撑职业教育改革和创新，需要从技术驱动向育人为本转变，从碎片化建设向系统推进转变，从脉冲式应用向常态化应用转变。数字学校建设应充分发挥信息技术对新时代德智体美劳全面发展的人才培养体系支撑作用。坚持以"深化应用，融合创新"为导向，以智能泛在环境为支撑，以促进职业教育学习方式和教育模式创新为核心，以面向师生的个性化和多样化服务为理念，推进基于物联网的校园感知环境、智慧安防、智慧后勤建设，提升学校安全管理能级。推进虚拟实训环境、智慧学习中心建设，探索智能化课堂教学模式研究与应用推进，开展智慧教育创新研究和示范。

随着信息技术的不断发展，教育信息化已成为中职校提升教学质量的根本保障，也是培养素质教育人才的有效渠道。目前，中职院校在教学信息化建设的过程中还存在诸多问题。因此，为提高教育信息化的应用成效，以适应教育改革与发展的需求，对学校信息化建设的发展进行了详细分析规划，并针对其发展过程中出现的问题提出了合理的解决对策，以供人们参考。

关键词：信息化建设；信息化规划；智慧校园

0 引言

2018年4月，教育部印发《教育信息化2.0行动计划》。2019年7月，上海市教育委员会为深入贯彻党的十九大和全国教育大会精神，落实国务院《国家职业教育改革实施方案》，以及《中国教育现代化2035》《关于进一步推进职业教育信息化发展的指导意见》和《上海市教育信息化2.0行动计划（2018—2022）》相关部署和要求，积极推进上海市中等职业教育信息化建设，制定了《上海市中等职业教育信息化建设行动计划（2019—2022）》（以下简称《行动计划》）。《行动计划》明确了《教育信息化2.0行动计划》的具体实施行动，包括数字资源服务普及行动、网络学习空间覆盖行动、数字校园规范建设行动、信息素养全面提升行动等8个方面。

《教育信息化2.0行动计划》提出要到2022年基本实现"三全两高一大"的发展目标，其中："三全"指教学应用覆盖全体教师、学习应用覆盖全体适龄学生、数字校园建设覆盖全体学校；"两高"指信息化应用水平和师生信息素养普遍提高；"一大"指建成"互联网+教育"大平台。教育信息化从1.0时代进入2.0时代。2018年6月，"深度学习与智能治理——2018上海基础教育信息化发展蓝皮书发布会暨论坛"在上海召开，会上发布了《2018上海基础教育信息化发展蓝皮书》（以下简称《蓝皮书》）。《蓝皮书》的一大主题是"教育治理"。智能治理强调信息化技术、工具、方式、思维等在教育治理过程中的广泛而深入的应用，使其贯穿于决策形成、执行、反馈和调控纠偏的全过程。

教育信息化作为社会信息化的重要组成部分，随着科技的迅速发展和社会信息化水平的提高，越来越受到广泛的认可和关注。《教育信息化十年发展规划（2011—2020年）》指出，"以教育信息化带动教育现代化，是我国教育事业发展的战略选择，对于提高教育质量、促进教育公平、构建学习型社会和人力资源强国具有重大意义"。

因此，以《教育信息化2.0行动计划》为依据，以"整体规划、分步实施、应用创新"为原则，以教育理念创新为先导，以学习方式和教育模式创新为核心，以优质教育资源和信息化学习环境为基础，以校企共建共享为路径，以体制机制和队伍建设为保障，大力推进学校信息化建设，全面提升教学、实训、科研、管理、服务方面的信息化应用水平。

本研究主要对未来3年上海港湾学校信息基础设施层、信息资源层、应用功能层和支撑体系4个方面的信息化建设进行规划，提高信息化管理水平。

（1）信息基础设施层建设规划。信息基础设施层包括硬件设施建设规划和软件基础设施规划两个部分，其中：硬件基础设施建设的内容包括校园网络更新建设、数据中心建设及多媒体教学系统建设；软件基础设施建设的内容包括网络安全与管理服务建设。按照公安部等级保护要求,学校每两年要对公网访问系统进行二级等保测评。测评过程中需逐步完善校园网安全体系。

(2)信息资源层建设规划。信息资源层建设规划的主要内容包括数字化管理资源建设规划、数字化教学资源建设规划、数字化图书资料建设规划、数字化音像资源建设规划。未来3年建立数字化教学资源库,将专业教学目标、专业教学标准、专业优质核心课程体系、实验实训指导、学习评价等整合处理,通过校园网络等实现课程资源网络化、信息化,建立具有四个功能、三大服务的共享型教学资源库。

(3)应用功能层建设规划。应用功能层建设是数字化校园建设的核心环节,各类应用系统建设的复杂程度决定了该层次的建设必定是一个长期的过程。为实现各应用系统的无缝连接,采用"统一平台"的思路,即"建设一个公共应用平台,该平台提供统一、规范的应用接口,凡遵循这些接口标准的应用系统,均可方便地实现与数字化校园的集成"。应用功能层建设规划包括公共数据平台建设规划和应用系统建设规划。

(4)支撑体系建设规划。数字化校园的支撑体系主要包括信息安全体系、信息与技术标准体系、运行服务体系等。

1 硬件部分信息基础设施层设计规划

《行动计划》指出,数字学校建设要充分发挥现有的基础设施设备的作用,逐步升级改造。

1.1 校园网络更新建设

1.1.1 宿舍楼无线覆盖

计划于2021年对学校宿舍楼无线网络进行改造,实现宿舍楼无线网络全覆盖。学校经历了两期无线网络建设,现已实现除宿舍楼外的室内外全覆盖。现阶段学校无线网络建设组网架构见图1。

学校的无线网络组网架构包含智能无线接入点产品系列、智能无线交换机系列、智能无线网络集中管理平台等产品,所有的智能无线接入点全部受到智能无线交换机的统一控管,这种组网架构将使得无线局域网的整体管理能力、安全防御能力、集中流量瓶颈得到完全的改善,使得无线网络的组网变得更加轻松、易管理。用户仅需在原有的有线网络架构上添加相关智能无线网络解决方案产品,即可在不影响原有拓扑结构的前提下,快速完成方案部署,并拥有一个高管理性、高安全性、高可用性的智能无线网络。

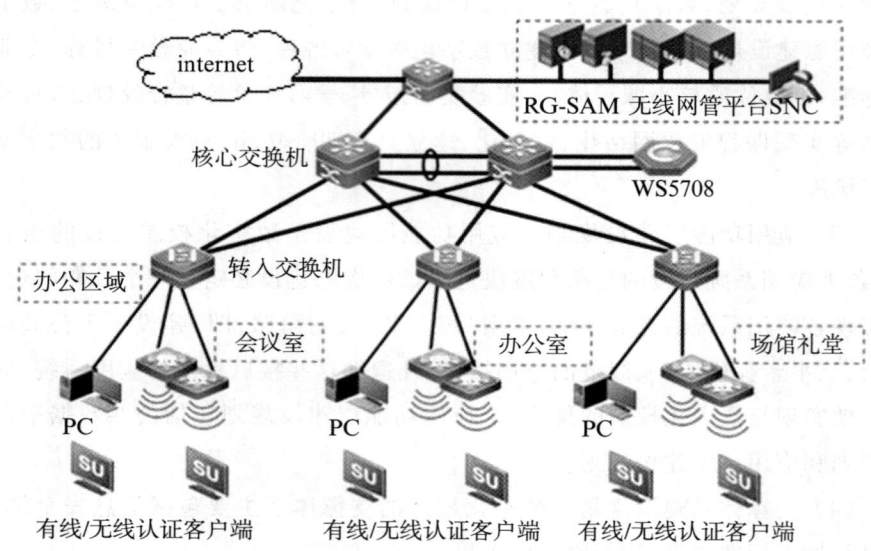

图 1　现阶段学校无线网络建设组网架构

综合考虑宿舍楼建筑环境及无线覆盖部署要求,以每楼层 6 个 AP 点,1 号楼、2 号楼共计 48 个 AP 点,3 号楼、4 号楼共计 60 个 AP 点。

通过该方案可以对无线网络设备实现集中管理、集中维护。对接入无线网络的学生可以实现信息中心统一管理、统一维护、统一认证,大大减少网络出故障的问题和无法管理的现象。

1.1.2　IPv6 接入

IPv4 协议是目前广泛部署的因特网协议,然而,随着 internet 的发展,该协议在历经了 20 多年的实践与考验后,已逐渐暴露出设计的先天不足以及诸多局限,成为 IP 技术应用和未来发展的瓶颈制约。

IPv6 作为下一代网络的基础以其鲜明的技术优势得到广泛的认可,保证各种应用对带宽的需求,对校园网出口进行链路改造,实现校园网的服务级别提升,将学校校园网建设成为"随时、随地、随需"的"三位一体"网络环境。

IPv6 具有如下特点:IPv6 的产生从根本上解决了地址短缺的问题;IPv6 提

供了更快捷的部署方法（即插即用）；IPv6 支持流标签能力，便于 QoS 的实施；IPv6 集成了安全特性；IPv6 具备更有效的报头结构，提高处理性能；IPv6 与 IPv4 网络之间可以平滑过渡以及相互访问。

结合学校现状，建设 IPv6 网络主要应当考虑现有网络升级支持 IPv6 业务和采用同时支持 IPv6/IPv4 网络设备进行新建网络建设两种情况。新建 IPV6 网络方案为：组网模式为新建核心层、汇聚层全双栈部署 IPv6 路由，实现全网 IPv6。业务区域采用二层到桌面，接入交换机采用百兆或千兆到桌面。汇聚层连接核心层 IPv4/IPv6 双栈路由功能。新建 IPv6 网络方案见图 2。

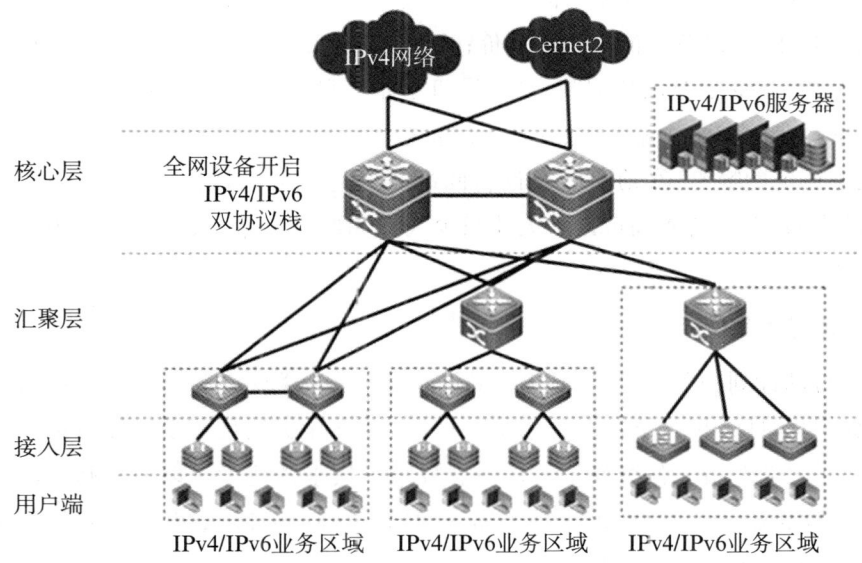

图 2　新建 IPv6 网络方案

新建 IPv6 网络方案优势：接入层与汇聚层、汇聚层与核心层间采用双上联实现链路冗余，汇聚层、核心层设备采用双节点实现节点冗余。新增 IPv6 用户可以正常访问 IPv6 网络及业务。双栈用户可以直接访问 IPv4 网络及业务。

1.2　数据中心建设

2022 年将对数据中心机房进行改造，数据中心机房作为数据存储、传输和设备控制中心，应为 IT 设备的可靠运行提供符合规范的环境条件，在温度、湿度、洁净度、电性能、防火性、承重能力、防静电能力、防漏、防雷、接地等各项指标上均应满足设备要求,设计和施工必须符合国家有关标准、规范、规定,同时在实施过程中严格把关,建设一个现代化、标准化和规范化的数据中心机房,满足学校未来 5~10 年信息化建设的发展需求。

学校数据中心机房建设应分为 3 个功能区域,即主设备机房、动力机房、操作间。隔开后主设备机房用于放置配线柜、机柜、服务器、小型机、网络设备、通信设备等重要设备;动力机房放置 UPS、电池、配电柜等。

机房的布局必须在满足国家相关规范(如防火消防规范等)前提下,考虑布局的合理、可靠、安全和工作流程舒适性为布局设计原则。①机房完全按照国家精密机房标准设计,保证机柜间距离大于等于 1.5 m;②尽量减少最大消防分区的面积和体积,以节约消防系统造价;③机房布局设计在美观的前提下保证布局的合理性,减少不合理的空间浪费;④机柜布局尽量和精密空调送风方向平行,利于下送风空间的气流畅通;⑤动力间及精密空调区尽量远离有人值守区,降低有人工作区的噪声;⑥动力间及设备间的布局充分考虑到将来线缆(强电和弱电)的走向,合理的布局可以大大地减少线缆和线槽的数量,以提高整个系统的性价比。

1.3 多媒体教学系统建设

《行动计划》指出,全面推进数字学校建设,培育面向未来的新时代教育信息化应用标杆学校。结合上海市实际情况,完善并实施数字学校建设标准,市、区联动,推动并指导各级各类学校开展数字学校整体建设。以面向师生的个性化和多样化服务为理念,推进基于物联网的校园感知环境、智慧安防、智慧后勤建设,提升学校安全管理能级。

围绕教学楼改造项目,计划 2021 年对多媒体教室进行改造,建设校园智慧感知系统。

智慧教室结合先进的物联网,打造出一个万物感知的智慧学习空间。智慧教室系统整体上包括:智能学习空间系统、物联智控系统、行为探知系统、资产运维系统、运维管理平台。通过先进的物联网平台,将校园及多媒体教室设备统一集中化进行监控和管理,除了灯光、音响等多媒体设备外,空调、新风、视频监控等设备也集中整合,统一管理。

利用 RFID 技术,对教室内的重点资产进行标签式管理,在教室内部安装

RFID 识别设备,再结合数据中心实时资产位置监控,实现资产全面可视化和数据化,为学校建立一套规范的、优化的、智能的物联网资产管理平台。

通过教室内安装的 RFID 感知设备和视频监控摄像头,利用智能学生卡结合机器视觉的人工智能算法,可对学生的上课行为及校园活动轨迹进行探知。通过掌握学生在校的行为轨迹,并结合学生的学习成绩、图书借阅情况、职业生涯问卷调查等多元化的数据(需要对接其他系统数据),可对学生在校的素质画像作出一个全面、真实、客观的评价。

可对物联网智慧教室下灯光、风扇、空调、窗帘、电教设备、智能门锁等电器设备实现智能化管控,节省人员管理成本,提高设备管理效率,加固用电安全,为学生打造"体验式教育"的未来教室。

通过炫酷大屏来直观展现校园整体设备状态,数据可视化的同时添加了动态交互效果,告警弹窗跟踪和巡检展示更进一步掌控系统状态、精细化的物联网终端管理及数据能耗分析,构建便捷管理的校园感知系统,物联网智慧教室见图 3。

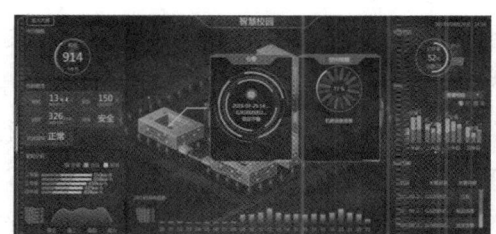 

图 3　物联网智慧教室

预期目标:①推动学校开展数字学校整体建设,以面向师生的个性化和多样化服务为理念,推进基于物联网的校园感知环境、智慧安防、智慧后勤建设,提升学校安全管理能级。推进学科创新实验室、虚拟实训环境、数字场馆、智慧学习中心建设,探索智能化课堂教学模式研究与应用推进,开展智慧教育创新研究和示范。②构建智慧学习支持环境。加强智慧学习的理论研究与顶层设计,推进技术开发与实践应用,提高人才培养质量。大力推进智能教育,开展以学习者为中心的智能化教学支持环境建设,推动人工智能在教学、管理等方面的全流程应用,利用智能技术加快推动人才培养模式、教学方法改革,探索泛在、灵活、智能的教育教学新环境建设与应用模式。

2 软件部分信息基础设施层设计规划

2.1 网络安全建设规划

《行动计划》明确指出：数字学校建设应依据《网络安全法》相关要求，进一步落实学校的网络安全主体责任，完善网络安全管理制度，加强网络安全技术防范，强化安全应急保障体系，确保学校网络与信息安全。

学校于2019年向经信委申报网站及综合业务系统安全信息系统建设项目（现已批复），计划于2020年完成。主要涵盖以下内容：

（1）数据库审计（含数据库防火墙功能）。主要实现对用户行为、用户事件及系统状态加以审计，范围覆盖到每个用户，从而把握数据库系统的整体安全，具有数据库防火墙功能；采购一台数据库审计设备网络侦听用户行为，将用户行为变为可视、可跟踪、可鉴定，保护重要数据的安全，实现集中审计、集中访问控制，数据库彻底摆脱黑匣子状态，通过安全实时监控中心，用户操作行为可以直播在"电视"屏幕上，可以随时跟踪用户行为。

（2）堡垒机。保障网络和数据不受来自外部和内部用户的入侵和破坏，而运用各种技术手段实时收集和监控网络环境中每一个组成部分的系统状态、安全事件、网络活动，以便集中报警、及时处理及审计定责；采购一台堡垒机，设备访问行为管理和控制，保护设备的安全，实现对运维操作（telnet/ssh/ftp/sftp/RDP/VNC/X11）的集中管理、访问控制、单点登录以及操作审计等功能，记录所有服务器系统操作日志，能够对运维人员维护过程的全面跟踪、控制、记录、回放；支持细粒度配置运维人员的访问权限，实时阻断违规、越权的访问行为，同时提供维护人员操作的全过程的记录与报告；系统支持对加密与图形协议进行审计，消除了传统行为审计系统中的审计盲点，是IT系统内部控制最有力的支撑平台之一。

（3）安全管理平台。通过搭建安全可视化平台，结合云服务平台、边界防护、安全检测、内网检测、管理中心、可视化平台，基于行为和关联分析技术，对全网的流量实现全网应用可视化、业务可视化、攻击与可疑流量可视化，解决安全黑洞与安全洼地的问题；建设1套安全感知平台，1套探针，定制开发软件，通过潜伏威胁探针、全网安全感知可视化平台、安全服务云平台构成持续检测快速响应的技术架构。

(4)网页防篡改。实现对主页的保护,防止主页被恶意篡改等级保护,采购3套网页防篡改软件、网站防篡改软件,保护网站不被恶意修改。分部部署在教师文档管理系统、综合服务平台、学校官方网站上。

(5)边界防火墙。将数据中心与普通用户、上海海事大学、外网用户隔离,组织病毒传播端口135、137、138、130、445、3389等端口,保护服务器的安全。

(6)日志审计设备。记录出口设备、内网安全设备、应用访问的日志等信息,实施日志查看。

(7)操作系统正版化。Windows Server 2012 R2中文标准版。使用正版序列号,激活学校的Web服务器、数据服务器等,每周更新补丁,保证系统的安全和稳定。

(8)二级等保评测。《行动计划》指出,全面实施信息安全等级保护制度,落实信息系统定级及备案。计划在2020年对教师文档管理系统、综合服务平台、学校官方网站、教师云平台4套系统进行二级等保评测相关工作,加强学校网络安全。

建设完成后,在内网区域,核心旁挂安全感知平台、日忈审计设备;服务器区域,网络防火墙隔离服务器区域与公网、内网,保护服务器安全,数据库审计设备串接部署(支持bypass功能,设备一旦故障,自动跳转为透玥模式),堡垒机旁路部署,审计所有的维护操作记录系统正版化、网页防篡改安装在网站服务器上。安全规划拓扑见图4。

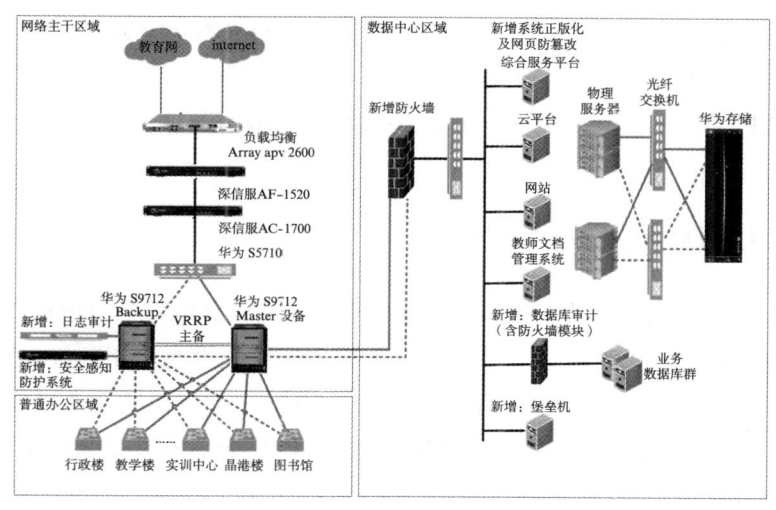

图4 安全规划拓扑

2.2 管理服务建设规划

计划于2021年建立一套完整的网络安全服务规范化标准。通过建立网络安全服务规范化管理体系,可以提高管理部门自身人员的网络安全管理意识,有利于管理工作开展和监督,发现信息系统潜在的安全风险,保证网络安全服务能完整和全面地实施,更好地实现网络安全保障能力。同时建立和完善必要的安全服务项目管理机制,也可以使过程符合标准规范,实现安全服务项目有序管理,时刻掌握安全服务商建设进度和服务质量,对发现的安全问题能有序、有效地解决。

规范化安全管理体系主要包括安全策略、安全组织和安全制度。

(1)安全策略。安全策略是管理体系的核心。全面的安全策略需要通过对信息系统进行全面细致的调查、评估之后,结合业务流程,制定出符合实际

情况的安全策略。

(2)安全组织。安全组织是管理体系的框架。为保障网络安全服务的安全,需要在条件合适的时候建立合适的安全管理组织框架,以保证在组织内部开展和控制网络安全的实施。建立专责部门来批准网络安全服务计划、分配负责人员职责并协调组织网络安全的实施。

(3)安全制度。安全制度是管理体系的基础。制度的功能在于规范和约束行为,由于行为主体存在人性弱点、行为能力差异以及行为环境的不断变化,制度规范和约束的功能指向往往侧重于消解人性弱点、增强行为能力和克服客观环境不利因素。通过对系统平台建立安全制度,并及时地进行修订,才能形成良好的秩序。

3 信息资源层建设规划

《行动计划》指出:数字资源的共建共享和优质资源的教学应用是数字学校建设的重要内容和关键环节。学校在推进数字资源建设与应用的过程中,要吸纳教育界内部和外部的各种优质数字资源,应更加注重直接从产业界获取具有可直接用于教学的数字资源,将工匠精神、传统文化、德育教育融入数字资源,进一步加强网络课程、精品课程建设。

数字学校建设中的资源部分主要分为学生学习资源、教师教学资源等。

3.1 学生学习资源建设

"互联网+"背景下数字化学习资源建设应坚持科学性的原则,学习资源的设计及选取,需要充分遵循教育的客观规律,保证教学内容设计的准确性及合理性。数字化学习资源的内容需要与学校的教学目标及教学大纲相吻合,并且数字化的学习资源结构需要合理,保证内容秩序有序,避免前后相悖,为学生增添不必要的学习负担。

数字化学习资源是包括媒体素材库、题库以及案例库等多种数据形式的数字资源库,为多种教学模式提供多样化的教学支撑系统的建设,尤其是素材、习题、案例、课程等,为学习者提供各式各样的学习资源。

计划于2022年建设学习资源管理平台,平台框架见图5。

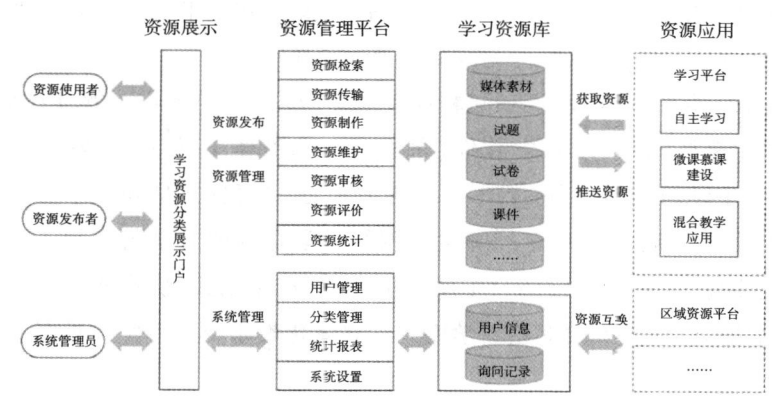

图5 学习资源管理平台框架

平台按照教育部《教育资源建设技术规范》的标准,以及学习资源的发布、管理、存储、应用流程,将本模型分为四个部分:①学习资源分类展示门户。作为资源访问、检索、发布、管理的统一入口,分类展示所有学习资源。②学习资源管理平台。为资源发布者提供资源制作、传输、管理工具,配套后台管理系统,便于管理人员对系统进行管理与维护。③标准化学习资源库。基于云计算的分布式学习资源库,按照教育部《教育资源建设技术规范》制定的标准设计资源分类体系和元数据规范,保证资源的规范性,便于资源共享与互换。④学习资源应用服务。通过统一接口,对外提供资源应用服务,包括为教学平台等提供资源获取、推送服务,支持与区域资源共享平台等进行资源互换。

3.2　教师教学资源建设

计划于2021年建设教学资源库。将专业教学目标、专业教学标准、专业优质核心课程体系、实验实训指导、学习评价等整合处理,通过校园网络等实现课程资源网络化、信息化,建立具有四个功能、三大服务的共享型教学资源库。

推行"模块教学""情境教学""仿真教学"等教学模式改革。优化创新教学内容,提高信息化教学水平,广泛采用多媒体辅助教学手段,推动专业应用软件在教学中的应用,建设优质教材和特色学习资料,建设跨越围墙、跨越课堂、跨越时间的新型数字化立体教学资源库,按照一体化教学、一体化评价的要求,整合相关教学资源建立电子教案库、实训案例库、教学录像、相关图片、实物模型、试题库等组成机电技术应用专业的教学资源库,将多媒体技术最大可能地植入专业教学活动之中,利用教学软件、教学课件、多媒体教学平台、试题库、课程录像等多种媒体形式组成的机电专业教学资源库系统。

依托数字化校园建设,以创建精品资源为核心,组织建设多媒体教学课件、多媒体教学素材(含辅助教学软件、课程录像)、教学案例、电子教案及电子教材、学生自主学习资料汇编(含考证题库)等,建立信息共享和自主学习平台上的立体化教学资源库,实现全校师生的网络教学资源的共享与应用。为学生提供一个性能稳定、功能强大的自主学习平台;促进主动式、协作式、研究型、自主型学习,形成开放、高效的新型教学模式。立体化教学资源库组成见图6。

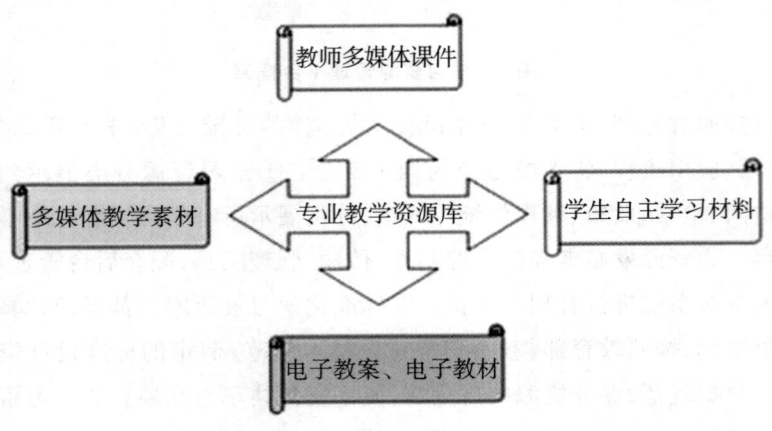

图6　立体化教学资源库组成

4 支撑体系建设规划

数字化校园的支撑体系主要包括信息安全防护体系、信息安全运维体系等。

4.1 信息安全防护体系建设

随着教育信息化的不断推进和业务系统的不断增加,校园网在中职院校的信息化教育工作中发挥的作用日渐突出。校园网具备规模大、速度快、环境开放、用户活跃等特性,能为信息化教育提供有力的支撑;然而,这些特性往往又是引发重要数据丢失、损坏、泄露,甚至造成系统崩溃等安全事件发生的因素之一。为加强校园网安全防护能力,实现安全事件"可控可查"目的,深入推进校园网安全防护体系建设显得至关重要。

计划于2020—2021年构建信息安全分类防护体系。中职院校校园网安全分类防护可根据分类标准不同(安全需求、安全要素、发生阶段),从3方面着手构建,实现风险"可控可查"。

(1) 按照安全需求标准,将校园网承载的公网访问业务系统分类实施定级保护;开展等保测评工作,对存在的风险和威胁进行评估,及时整改和补短加固,进一步提升业务系统和整个校园网的安全防护能力。

(2) 按照安全要素分类,从技术要素和管理要素2个方面构建安全防护体系。技术上,从管理策略、技术平台、数据安全3个方面实施技术手段,实现整体防护,其中:在管理策略方面,实施一"管理"二"结合",即全生命周期安全管理、自查与统查结合、边防和内防结合;在技术平台方面,实施"三纵""三横""一代",即"三纵"就是纵向对业务系统实施"分级、分类、分离"管理模式,"三横"就是横向对业务系统提供3个层次基础平台(网站群、共享空间、虚拟机),"一代"就是对未经校园网基础平台发布的网站实施"反向代理";在数据安全方面,主要采用灾备技术对重要数据实施本地或异地容灾和同步接管。管理上,实施上网实名认证、统一行为管控,加强管理人员培训、提升服务能力,开展网络安全防护评比、促进个人防护水平提升。

(3) 按照发生阶段分类,从网络安全事件发生的3个阶段(事前、事中、事后)展开防护。事前,做好应急预案、开展应急演练;事中,通过多种途径获知安全事件,按预案及时处理、恢复业务、降低风险、减少损失;事后,查找安全事件根源,分析原因和彻底根除办法,持续监测、评估后果。

4.2 信息安全运维体系建设

《行动计划》指出,数字学校建设与应用的持续推进和创新发展离不开相关的机制保障。计划2020—2022年持续完善并建成符合学校发展状况的信息安全运维体系。

4.2.1 建设本级保障体系,保护信息安全

(1)安全管理体系的建设内容。安全管理体系包括安全管理制度、安全管理机构、人员安全管理、系统建设管理、系统运维管理5个层面,以信息安全的组织和管理制度为建设重点进行设计和实施。

(2)安全技术体系的建设内容。安全技术体系覆盖物理安全、网络安全、主机安全、应用安全及数据安全5个层面,根据信息安全保障体系的具体要求,结合本地实际从设施和系统安全方面对技术体系进行设计和实施。按照信息系统安全等级保护要求,从上述5个层面综合考虑安全防护措施,划分安全区域,严控区域边界访问控制,重点加强数据备份。

4.2.2 统一的技术支持和安全管理体系

(1)建立统一的信息安全的监管体系。统一监管体系可以统一对各级教育部门的信息安全进行监督和管理,同时教育主管部门可以对信息系统的运行状态等情况实施远程监控,掌握整体信息。统一信息安全监管体系包括信息安全监管队伍、信息安全监管工作制度、信息安全监管技术平台3个部分内容,其中信息安全监管队伍是基础,信息安全监管工作制度是保障,信息安全监管技术平台是技术支撑手段。

(2)建设统一的关键性安全技术的支撑体系。为了保障教育管理信息系统的安全,要建立统一的关键性安全技术的支撑体系。首先在各级教育部门分别部署安全设备,保障应用终端和数据传输的安全;其次保障各级教育部门间数据传输的安全;再次是各级教育部门对应用系统终端敏感数据统一进行加密。

信息安全运维体系的建设要依据《网络安全法》的规定,落实《信息安全等级保护管理办法》来确保教育管理信息系统的安全稳定运行,也需要各级教育部门和第三方专业机构的共同参与,以安全策略为指导,结合先进的技术平台,从被动防御向主动监测防护转变,来完善信息安全运维体系的建设。

5　结语

本课题以《教育信息化2.0行动计划》为主要依托,对未来几年校区的信息化建设进行整体规划,针对"大平台、中系统、微服务"的建设模式来进行构建。

(1) 大平台。"大平台"是指支撑基础性平台,包括统一数据中心、统一身份认证、统一门户、工作流平台等。基础数据中心主要用于实现系统之间的互联互通,实施"一张表"工程,所有的系统之间的数据都需要通过数据中心来进行交换,解决应用系统的数据孤岛问题。统一身份认证实现用户信息的集中存储和管理,实现各类系统的同步,并对系统的权限进行统一管理,对全校的资源进行统一管理。统一门户实现信息资源集中呈现,包括通知公告、消息服务等,实现校园通讯录无纸化、信息扁平化传递以及通知大规模应急通知精准传递。工作流平台提供流程节点和流向的管理等,为师生提供一站式服务。

(2) 中系统。"中系统"是指各类信息系统,主要包括教务系统、学工管理系统、招生就业管理系统等各类业务信息系统,为"大平台"提供数据来源,为"小应用"提供业务支撑。系统主要使用人员为职能部门,实现对学校的高效管理。

(3) 微服务。针对师生使用频率高的服务作出美观易用的"微服务",打开一站式网上办事大厅即可方便地办理各项校内事务,如选课、申请邮箱等,避免了师生进入各类信息系统的烦琐,提升用户办事体验。

大数据、人工智能等技术的发展,正在重构传统课堂教学,改变学校形态、教学方式、学习方式等。要紧抓新兴技术发展之浪潮,对未来校园信息化建设进行合理规划,借助大数据探索教育教学规律和学习者成长规律,用大数据支撑教育科学决策,以数据技术为基础促进教育治理体系的现代化。未来,信息化发展的技术方向将更加以"体验"为依托,以"数据"为基础,以"连接"为要义,以"开放"为策略,以"智能"为目标,以教育信息化为手段,突破构建更加智能的教育体系,以智能赋能教育体制机制创新。

根据当前的形势,各学校都在进行校园信息化的建设,越来越重视信息技术同教育的结合。在时代不断的更迭中,社会向着自动化信息化发展,同样地我们也应当及时作出应对之策,将信息技术合理高效地应用到日常的教学和管理研究中,提升自身的教学质量,和时代进行接轨,最大程度将教育做到极致,推动我国教育事业的发展。信息化建设是一个十分漫长的过程,在这个过程中,我们会遇到很多的难题,我们应该积极克服难题,抓住时代的机遇,不惧挑战,全力推动学校的信息化建设。

参考文献:

[1] 孙琳,于洋.论信息安全管理体系的构建[J].网络安全技术与应用,2016(8):13-15.

[2] 邓冲,汤毅,薛拥华,等.计算机网络信息安全管理体系的构建[J].信息与电脑(理论版),2016(5):185-186.

[3] 黎万平.基于物联网技术的智慧寝室系统设计[J].工业控制计算机,2016(8):154.

[4] 陈艳格,杨月华,冯战申.智慧校园教育信息化应用与建设策略研究[J].现代经济信息,2017(22):347-348.

[5] 石峰.大数据时代下高校信息化建设的制约因素和方法研究[J].信息系统工程,2018(8):144-145.

作者简介:

张峰,计算机技术工程硕士,上海海事大学港湾校区电教中心科员,研究方向为网络及信息安全。

设立学习支持中心,搭建合作学习平台

王新慧

摘　要：经验表明,学生之间开展互助学习,可以达到良好的学习效果。朋辈辅导者能够带动更多的同学培养良好的学习习惯,营造良好的学习氛围,达到互学互助、共同提高、共同进步的目的。学习支持中心是学生互助学习、师生互动交流的平台。从必要性角度考虑,基于中职学生的学习现状,构建互助学习平台有一定的紧迫性；从建设基础角度考虑,港湾校区搭建学习支持中心有良好的前期条件。

关键词：学习中心；朋辈互助学习；合作学习

0　引言

高质量的教育需要基于对学习内涵的新认知,合作学习是将学生放在学习主体位置,以引发学习、促进学生发展为最终目的。朋辈互助学习是合作学习的一种形式,它能赋予学生更多的学习自主权,增强学习的主动性和责任感,有利于学生的个性化发展,培养学生良好的学习品质,包括持续的学习动机、有效的自我评价等。

借鉴目前国内外部分学校的做法,设立学习中心,搭建合作学习的平台,构建朋辈互助学习模式,提供优质个性化课外学业支持,可以为学业发展上有不同层次需要的学生提供专业化的指导、咨询和支持服务,为学生的个性化学习发展需求延伸学习空间。除了对学生的学习给予帮助和支持之外,学习支持中心还可以解决学生生活、心理等方面的问题,引导学生积极参加科技创新、社会实践和人文精神教育等,夯实学生的专业基础,发掘和培养学生的创新意识与实践能力,可以提升学生综合素质,促进学生全面成长。

1 合作学习的发展现状

有关合作学习(Cooperative Learning)的正式研究始于20世纪50年代的美国,该概念一经提出就引起了西方国家的广泛重视和研究,并形成了多种合作学习模式。以色列特拉维夫大学沙伦博士对合作学习的内涵进行了界定:"合作学习是组织和促进课堂教学的一系列方法的总称。""朋辈互助学习"是合作学习的一种典型形式,以成员间的相互支持、相互交流完成共同的任务,实现学习目标。

朋辈互助学习是具有相似年龄、生活背景、爱好兴趣的一类人通过各种信息的交流从而实现自我教育的过程。在国外,朋辈互助学习的名称大致称为朋辈督导、朋辈协调、朋辈心理咨询等方面,其中朋辈督导侧重于相互监督,朋辈协调适用于冲突的协商,朋辈心理咨询是针对个人的心理问题进行疏导等。

在目前的相关研究中,对学生朋辈互助学习的理论研究十分广泛,特别是对实际效果和应用范围的研究。国内的学者侧重从朋辈教育的角度出发,研究朋辈互助学习对青年责任感养成的重要性,及对学生思想政治教育的重要意义。

2 设立学习支持中心的必要性

相较于普教学生,中职学生有其群体特征,比如其动手能力较强,对新事物、新观念容易接受,适应性强,但语数外等基础知识较为薄弱,学习理论知识的热情不高。大部分中职学生在中学时期成绩不是很理想,是学业成绩赛道上的落后者,因而心理上存在一种失落感。加之社会不正确的舆论,他们无法正确对自己进行客观评价,在心理上无法摆脱自卑的阴影,自信心难以树立起来,因而需要加以引导。

针对中职学生的特点,在现行的教育模式下,设立学习支持中心,构建朋辈互助学习及师生互动交流平台,可以为学生了解和适应职业教育的模式提供帮助,为学习有困难的学生提供心理辅导、学业帮助、职业咨询、兴趣指导等内容,为学生的个性化学习发展需求延伸空间。

推行朋辈辅导制,为学有余力的学生提供为同学服务的机会,树立朋辈榜样,带动身边的同学共同进步,既有利于增强学生学习的针对性、积极性,又符合学生成长成才成功的规律;既是对班主任工作的重要补充,又是学生工作精细化的必然要求,对校区学生工作朝着有效化方向发展具有推动作用。

3 学习支持中心运作模式探索

根据国内外学校的管理现状,学习支持中心的管理部门不尽相同,有的是学生系统的下设机构,有的作为图书馆或者教务部门的下属机构。挂靠部门不同,学习支持中心的属性也不同。学习支持中心作为学生系统的下设机构时,主要注重朋辈互助作用;作为图书馆下属管理部门时,更多的是强调学习支持中心的信息服务中心的功能;作为教务部门的下属机构时,强调的是学生的学业辅导功能,将教师的答疑、辅导以及学生的互助辅导功能纳入其中。

3.1 人员组成

学习支持中心成员由全职教师、兼职教师及学生(朋辈辅导者)组成。一般由专人负责学习中心的日程运行。专任任课教师在指定的时间为学生一对一辅导。在某一学科成绩突出的学生作为学习中心的志愿者,可担任朋辈辅导者,为需要学业帮扶的学生提供辅导。

每学年(期)结束后,由学生自己提出担任朋辈辅导者的书面申请,或者由学业任课教师在班级中选拔成绩优异的学生担任朋辈辅导者,选拔人数根据学习该课程的学生总数确定。为使该项举措可实施、易推行,可由任课教师在每学年(期)课程结束时,向学校提交推荐朋辈辅导者名单。为充分鼓励多数学生,发挥学生的积极性和主动性,也可采取自我报名的方式。

学业辅导教师由相应课程的专任教师担任,可由教师个人申报,学校统一安排。学业辅导教师的课业辅导,作为课程教学的一部分内容,是课堂教学的必要补充和延伸,是教师解答学生疑难、指导学生改进学习方法、提高学生学习能力、增强学生学习效果的一个重要教学环节。学业辅导教师主要解答教学课程中的疑难问题,为学生提供一种全新的学习提升方式。学业辅导教师的工作课时可作为额外的工作量,也可作为课程教学的必要环节纳入课程,或者作为专业建设内容计入教师工作量范畴。

作为补充,根据校区实际情况,学校可以聘请校外专家担任兴趣辅导教师,作为教师资源的补充,参与学校的教书育人工作,为学校的育人工作贡献力量。

3.2 运作模式

学习支持中心旨在为学业困难学生提供学习帮扶,为学有余力的学生提供能力发展训练与辅导,构建学习帮扶、学业促进和能力提升的平台,搭建探索研究、咨询辅导、学习交流和意见反馈的渠道。

由学习支持中心聘请的教师或朋辈辅导者向学业有困难的同学提供指导。辅导的科目及内容可通过预约的形式提前提出,由学习支持中心负责匹配及安排朋辈辅导者或辅导教师。除了探讨学业方面的问题外,辅导者也可以为同学提供校园学习生活的建议和引导。服务形式包括:

(1)固定学业问询服务。报名的同学按照学习中心的相应课程服务的时间直接到学习中心向朋辈辅导者问询学业问题。

(2)预约学业问询服务。可以通过学习中心的预约功能预约相关内容的辅导者提供一对一的服务。

(3)期中、期末复习。在期中、期末考试之前,针对某些课程开设复习、考试经验交流等活动。

(4)学习沙龙。不定期邀请相关部门管理人员、校区领导、专家,开设专题讲座、学术报告、学习经验分享、职业发展规划,营造学术氛围,培育优良学风。

4 结语

上海海事大学港湾校区目前建有学生自助服务中心及学生文化活动中心,在目前服务范围基础上,拓展服务内容,搭建互助学习平台,建设学习支持中心,为学业困难的学生提供学习帮扶,为学业发展上有不同层次需要的学生提供专业化的指导、咨询和支持服务,为学生的个性化学习发展需求延伸学习空间,构建学习帮扶、学业促进和能力提升体系,搭建探索研究、咨询辅导、学习交流和意见反馈等学习支持平台,是港湾校区学习支持中心建设的目的与努力方向。

学习支持中心建设的核心是朋辈辅导者,通过朋辈互助,充分发挥榜样的力量,着力营造浓厚学习氛围,激发学生学习兴趣,可以提升校区的学生培养质量。建立一支朋辈辅导者队伍,对学校的教学管理、学生管理都有着不可忽视的作用。

参考文献:

[1] 谌晓芹.欧洲高等教育一体化改革:博洛尼亚进程的结构与过程分析[J].高等教育研究,2012(6):92-100.

[2] 卫建国. 英国大学以学生为中心的优质教学探析[J]. 高等教育研究,2016(10):104-109.

[3] HE K K. New development of educational technology from the viewpoint of blending learning[J]. Journal of National Academy cf Education Administration,2005(9):38-48.

[4] 雷浩. 为学而教:学习中心教学的研究[D]. 上海:华东师范大学,2017.

作者简介:

王新慧,助理研究员,研究方向为教育管理、管理科学与工程。

外聘教师队伍建设现状、问题及对策浅析
——以上海港湾学校为例

葛江伟

摘　要：外聘教师作为职业院校师资力量的重要补充，对于优化师资队伍结构和培养学生实践技能有着十分重要的作用。以上海港湾学校为例，分析当前外聘教师队伍建设现状中存在的问题及其存在的原因，并初步探讨解决问题的对策。

关键词：外聘教师；现状；问题；对策

0　引言

外聘教师是职业院校师资队伍中不可分割的一支重要力量，尤其是在师资力量日益匮乏的今天，他们在充实学校师资队伍力量、优化师资队伍结构和培养学生实践经验和实践技能等方面发挥着越来越重要的作用。近年来，学校进一步完善了《上海港湾学校外聘教师管理规定》和《上海港湾学校关于外聘教师课时酬金及奖励实施细则》，以期引导外聘教师的行为更符合学校的预期。然而，外聘教师的授课质量、教书育人效果、责任心、资料提交积极性等一直饱受争议，所以认真研究外聘教师队伍建设的现状、存在的问题及原因，进一步提出改进的措施，对加强外聘教师管理和提升教学质量具有十分重要的意义。

1　外聘教师队伍建设的现状与问题

外聘教师历来是我校教师队伍中不可或缺的一部分，今年甚至占到了教师总数的50%，与专任教师平分秋色。尽管学校对外聘教师的聘任和管理工作十分重视，有严格的管理规定，但我校外聘教师队伍建设现状仍不尽如人意，存在着诸多问题与不足之处，主要表现在外聘教师需求量大、教学质量参差不齐、工作责任心不强等。

1.1 外聘教师需求量较大

近年来,随着高龄教师陆续退休,港湾学校专任教师数量逐渐减少,师资严重不足,同等的课时量意味着外聘教师的需求量越来越大。每学期的主讲教师配备期都是各专业(部)焦头烂额的一个时期,落实下一学期主讲教师是一个巨大的工程,需要发动全校教职工一起努力,有时主讲教师人选的确定放假前方能落实完成,有时假期中还要调整,严重影响到排课工作的正常进行。同时大量外聘教师的存在无疑加大了教务科、专业(部)和教研室的工作量。

1.2 教学质量参差不齐

从外聘教师队伍的构成结构看,大体可分为3类:退休教师、其他院校在职教师和企业工作人员。其中:退休教师和其他院校在职教师大多具有深厚的理论功底和丰富的教学经验,熟悉教学规律和教学方法,但因长期从事教学工作,教学方法难免定型,创新性不够;而企业工作人员大多为行业的技术人员或管理者,他们都有一技之长、丰富的实践工作经验和一定的理论基础,但他们大多缺乏从事教育工作所必需的教育理论知识和教学基本功。因此,从教学质量看,部分教师教学效果较好,但个别教师仍存在教学方法单一、育人力度不够等现象,教学质量参差不齐。

1.3 工作责任心不强

学校对外聘教师的要求不断提高,要求他们在做好教学工作的同时要做好育人工作。大多数外聘教师对教学工作是认真负责的,但有些人在教书育人工作中的主动性和积极性仍略显不足,如课前上课礼仪执行力度不够,课上对睡觉的学生熟视无睹,提交授课计划、授课教案、考卷等资料不积极,偶尔迟到,经常调课等。

2 原因探析

万事皆有因果。我校外聘教师队伍建设之所以存在这些问题,除了外聘教师的个人素养之外,究其原因,主要有以下几个方面:

2.1 供需不平衡的卖方市场

如果把学校与外聘教师之间的聘任看作一场交易,那么外聘教师作为卖方,在近几年的聘请工作中一直占据主导地位,他们可以任意向学校提出薪酬、排课时间、调课等需求，因为即使他们失去了这个机会，依然可以寻找到其他的工作机会，对卖方影响不大。作为买方的学校则可能会面临无人承担课程授课任务的情况，进而影响教学计划的正常执行，故此时校方往往会委曲求全，默许外聘教师提出的需求，并尽可能予以满足。

2.2 落实不到位的过程监控

虽然《上海港湾学校外聘教师管理规定》明确了教务科、专业（部）、实训中心、督导及教研室、办公室、外聘教师的具体职责以及发生教学事故后的处理规定，但基于种种原因学校对外聘教师的管理大多采取"怀柔"政策。平时学校主要配合做好外聘教师资料收集、调课处理、入校申报等工作，而对外聘教师上课迟到、教学资料不及时提交、调课频繁等行为没有实质性的惩罚措施，担心惩罚会造成外聘教师的流失。

2.3 设置不合理的质管部门

当前，学校没有独立的教学质量管理部门。教务科既是运动员，又是裁判员，这就导致监管缺乏公平性。同时又因教务人手紧张，应付主要工作已是身心疲惫，更遑论深入开展教学过程监控工作。

2.4 履行不到位的部门职责

根据《上海港湾学校外聘教师管理规定》，教务科、专业（部）和督导组均承担了一部分与教学质量控制相关的工作。然而在实际运行过程中，与外聘教师的沟通主要以教务科和督导组为主，专业（部）与外聘教师沟通较少，由此也引发了教务科外聘教师工作量激增、外聘教师考核形同虚设、授课计划和教案提交情况统计和反馈不及时、授课计划和教案制作指导不到位、外聘教师参加教研活动不积极、专业（部）对外聘教师授课质量监管缺失等情况，这在一定程度上导致教师教学质量的参差不齐。

2.5 不与时俱进的课时费标准

自 2019 年以来，我校外聘教师课时费标准为本校在职外聘教师 60 元/节，其他外聘教师 80 元/节，特殊情况需由专业以签报形式向学校请示，目前最高标准是 100 元/节。但因外聘教师大多同时在几所学校任职，相比之下，我校的课时费标准中等，但要求较高，整体性价比不高，所以教师流动性较大。

2.6 执行不到位的考核奖励

根据《上海港湾学校关于外聘教师课时酬金及奖励实施细则》的相关规定，奖励费为当学年外聘教师课时数乘以100减去外聘教师课时费应发金额。由于考核时间为每学年的6、7月份，奖励金额多少不定，而且外聘教师流动性较大，所以操作难度系数较高，而且很难考核到所有外聘教师，不利于督促每位外聘教师按时完成工作任务，不利于提升他们的教学积极性。

3 相关对策

外聘教师问题的出现既有社会大环境的原因，又有政策上的原因，而且在很大程度上源于当前顶层设计的不合理性。因此，为解决当前外聘教师队伍建设中存在的问题，需要从以下几个方面着手：一是进一步修订《上海港湾学校外聘教师管理办法》，明晰教务科、专业（部）和教研室在外聘教师管理中的具体职责，做好顶层设计，为外聘教师管理提供坚实的制度保障；二是设置独立的教学质量控制部门，专司教学文件规范提交、评教等过程监控工作，为外聘教师考核提供组织保障，以确保考核工作的公平性和公正性；三是拓宽外聘教师聘用渠道，努力构建买方市场，让校方有机会"择优录用"，为进一步做好外聘教师录用工作提供人力保障；四是通过给予课时数奖励等方式调动专业（部）和教研室参与外聘教师事务的主动性和积极性，以构建教学团队共同完成教学相关任务，并提升外聘教师授课质量；五是合理提高外聘教师课时费标准，激发外聘教师的群体动力，为从根本上调动外聘教师工作积极性提供资金保障；六是完善月度激励机制，建议设置单独固定的奖励费用，用于每月奖励按时完成教学文件提交、督导评价较好、积极参与专业建设、教研活动、座谈会等活动的外聘教师，以达到正面引导的效果。外聘教师队伍建设问题是一个系统性的问题，需要自上而下构建一套与之相配套的校内教职工考核体系方能解决。

作者简介：

葛江伟，硕士，上海海事大学港湾校区教务科科员，研究方向为社会学和教学管理。

馆藏中文图书多指标价值评价

王静芬

摘　要：馆藏图书价值评价研究成果可用于图书馆藏策略的修正、评价馆藏建设水平及合理性分析、资源配置规划、空间回收决策、馆藏建设修正等方面。通过研究图书质量和馆藏质量评价，确立以品牌价值、图书质量和稀缺性为图书价值评价指标，确定数据来源后，通过专家调查法确定图书价值评价各要素的权重比例，以馆藏中文图书为研究对象，并结合实际统计得出的定量数据，计算出每种图书的价值。实践证明，本指标体系结合专家调查法可用于评价图书价值，且能从出版社、著者、图书引用量、借阅量、版次、读者评价和收藏馆数量等多维度综合评测图书价值。

关键词：图书价值；价值评价；核心出版社；核心著者

0 引言

"黄金有价，知识无价"，一本图书的价值很难用一个量化的标准来计算求出。目前，对于图书价值的研究主要集中于采访决策支持系统的选书模型和馆藏质量进行综合评价的图书质量评判。前者，为提高采购图书质量、合理使用经费，建立各种评判标准，如图书与专业匹配度、图书价格、学科等级、出版质量、读者需求等；后者，从图书的专业覆盖程度、图书借阅和预约情况对于馆藏质量进行综合评判和研究。馆藏图书的价值评价与图书购买入馆之前的价值评价，以及馆藏质量的评价有差别。馆藏图书的价值评价比购买入馆前的图书可以有更多评价指标，如该书的借阅指标、引用指标等。馆藏质量的评价是宏观的整体评价，馆藏图书的评价是微观的个体评价。综合前人的研究成果，结合馆藏图书的特点，设立综合评价指标，通过专家调查法确定指标权重后计算馆藏单种图书的价值，作为图书价值评判的参考依据。

1 图书价值评价指标研究

1.1 品牌价值指标

在图书的诸多外部特征中,与图书内容质量有密切关系的外部特征只有责任者和出版者,他们在内容质量方面起到了无可置疑的关键性作用[1],这两个指标可用于评判图书的质量,不管该书是否收藏,责任者和出版者是图书品质的保证,具有品牌效应和品牌价值。

高水平的出版者,对于图书的出版,必定已经从选题的筛选、编辑、校勘等多个环节进行了质量控制[2]。对于出版者的评价指标已有诸多研究,利用累计80%法、布拉德福区域分析法、引文分析法和布拉德福区域分析法辅以帕累托二八法测定核心出版社,其他机构也做过大型的出版社等级评定,如新闻出版总署[3]做过经营性出版社等级评估的工作,涉及国内500家出版社,但是评估结果仅公布一级和二级出版社,其他级别出版社由新闻出版总署通告该出版社;北京世纪读秀技术有限公司做过被引图书种数最多的出版社(2018)[4],涉及国内584家出版社、560多万种图书和3亿多次引用数据。

著者的学术声望和影响力对学术著作的影响力有较大的影响,如果著作者的学术影响力高,其出版的学术著作更容易被认可和传播[5]。对于著者的研究,目前较多地从著者图书或期刊发文数量、引用量、平均被引用率、h指数来考量,利用图书被引频次和帕累托定律二八定律、布拉德福定律的区域法和普赖斯定律、模糊综合评判法、引文分析法、著作数量的布拉德福区域分析法辅以帕累托二八法、g指数和h指数进行计算来判定是否为核心著者。

1.2 图书质量指标

阮冈纳赞的《图书馆学五定律》中的第一定律即为:书是为了用的。图书质量的好坏会直接反馈为图书的使用情况。图书的借阅情况、读者评价,以及图书在使用后的被引用次数和图书版次均是体现图书使用情况的重要因素。

图书馆藏书在使用过程中体现出来的价值,最直观的指标就是图书的借阅情况。从图书借阅情况衡量图书价值的研究中,主要集中于图书的借阅率、预约情况、流通量和利用率、借阅时间和借阅频率等指标。

图书是读物,图书的内容价值能否实现,从而使图书馆藏书具有价值,关键在于图书是否让读者感到是有用的,受教的并且可读[6]。读者对于阅读感受的评价,也是评判图书质量的重要指标。对于读者评价数据来源,目前研究基本上集中于网络读者评价、网上书评、同行评议[7]以及邀请读者进行评价。

被引用次数是指该品种图书在出版后一段时间内被其他学术著作、论文、研究报告等学术成果引用的次数。它反映了图书被使用和受重视程度,以及在学科交流中的地位和作用[8]。

版次是出版印刷发行图书时在版权页中标明的关于该书版本和印刷次数的记录,图书的版次包括再版、修订版、重印、被译成其他语种等情况。图书的版次越多,说明图书的影响力越大,因此以图书的版次作为图书质量的评价标准[5]。

1.3 稀缺性指标

图书的稀有性价值主要体现在"你无我有"的难以获取情况。图书出版形式、销售模式、图书馆的馆藏设置等因素,都制约着图书馆的馆藏。在图书广泛流通的今天,通过区域间合作或者各系统协作,来完成馆际互借和文献传递是十分便利的,但当某类图书专业度高、国内读者群体小、发行数量少,或以作者包销等有限流通的形式出版、销售图书的时候,图书资源的稀缺性就体现出来了。稀缺性是馆藏图书价值的重要评价指标之一。

图书的稀缺性主要体现在图书出版数量以及读者获取难易程度上。自2000年以来,图书版权页上的出版册数内容就不太出现了,且没有平台可查询,每种图书的出版数量难以获取。对于读者获取图书资源的难易程度,更是很难具体计算的一个值。但是,图书出版数量和读者获取的难易程度,均可通过某种图书的收藏馆数量得以体现。收藏某种图书的图书馆数量是与图书稀缺性成反比的。

2 数据来源

2.1 品牌价值数据来源

在本次研究中,出版社评判指标的数据采用北京世纪读秀技术有限公司关于被引图书种数最多的出版社(2018)中引用图书种数占本社出版图书种数比例的数据。

著者评判指标的数据则采用读秀的图书数据和清华同方的期刊数据,通过检索著者姓名,得出著作数量和著作被引情况。由于一篇论文和一本图书的工作量无法一概而论,在本次研究中,论文的数量和引用只认第一作者,且按30%计算。对于一般图书,如果是第一且唯一作者,则直接用检索得到的数据;如果有两个作者,第一作者按检索得到数据的60%折算,第二作者按检索得到数据的40%计算;如果有三个或者以上作者,第一作者按检索得到数据的50%折算,第二作者按检索得到数据的30%折算,第三作者按检索得到数据的20%计算,更多作者不计算。如果该图书为译作,则在一般图书的基础上,按照50%计算。图书作者由于著作数量和被引情况都是关键指标,本次研究按各50%的权重,用以计算品牌价值。

2.2 图书质量数据来源

目前,关于图书被引用次数的数据来源主要集中于 Google Scholar,但是 Google Scholar 具有比较大的局限性,如引文的质量不够高,不够稳定、权威等[9]。笔者曾于同一天检索2000年立信会计出版社出版、朱立芬三编的《国际商法》,发现 Google Scholar 的被引用次数仅为1次,而超星读秀的被引用次数为28次,其中27次为图书引用。本次图书被引次数数据均选用超星读秀系统进行统计。

借阅量为该种图书所有的借阅次数和续借次数之和,由于图书价值的评价是为图书馆做图书保存策略所用,所以借阅数据来自上海海事大学图书馆系统数据。

版次信息记载于图书版权页,编目人员均会记录在图书 MARC 信息中,供读者检索。版次数据来自上海海事大学图书馆系统数据,如再版、修订版或重印,则按照最近版次加一来计算。

由于是馆藏图书的评价,有些图书已不在网上出售,网上书店的评价数据已不可获得,豆瓣上的图书评价数据并不全,所以本次研究的评价数据来自本馆读者评价,含15位一般读者和5位专业读者的评价数据,按照10分制,从图书的形式、内容可读性、内容的受教性等指标评定图书质量,取平均分。

2.3 稀缺性指标数据来源

国内图书馆林立,尚无联合所有图书馆的统一检索平台,可能由于指标获取数据不易,目前未见该指标具体运用于图书价值评价指标体系之中。超星联合了全国1 348家图书馆,Calis 联合检索目录联合了全国1 061家图书馆,该两大系统应该是目前国内较大的且包含图书馆馆藏数据的两大检索平台。本次研究联合超星读秀系统和 Calis 联合检索目录,对收藏某种图书的图书馆数量进行统计。

3 实证研究

3.1 评价模型构建

综合已有的研究成果,将图书价值的评价模型分为两个层次(见表1),每一层次的测评指标都通过上一层次测评指标展开,而上一层次的测评指标由下一层次的测评指标的测评结果反馈。第一层反映影响图书价值的各个不同侧面,包括品牌价值、图书质量和稀缺性3个指标;下一层反映各个侧面所包含的主要影响因素,共包括7个指标。

表1 馆藏中文图书价值评价模型

第一层	品牌价值 B_1	图书质量 B_2	稀缺性 B_3
第二层	出版社 C_{11}	被引量 C_{21}	收藏馆 C_{31}
		借阅量 C_{22}	
	著者 C_{12}	版次 C_{23}	
		读者评价 C_{24}	

3.2 各项指标权重确定

运用专家调查法对表1中各项指标按照重要程度进行打分。通过图书馆工作群,利用问卷调查自愿填表的方式,收集到30位来自北京、上海、江苏、重庆等17个省市的图书馆界老师的反馈。各个指标评分范围为1~9分,分数越高,表示该指标越重要,并根据各项指标得分占总得分的比例计算各指标权重,30位专家评分数据和各指标权重见表2。表3为第二层指标权重,该指标是相对于第一层指标而言的,包含图书价值各个影响因素的权重。

表2 专家对各个指标重要性评分

项目	总得分	权重	项目	总得分	权重
B_1	188	0.310 2	C_{21}	214	0.275 1
B_2	218	0.359 7	C_{22}	190	0.244 2
B_3	200	0.330 0	C_{23}	170	0.218 5

表 2（续表）

项目	总得分	权重	项目	总得分	权重
C_{11}	216	0.477 9	C_{24}	204	0.262 2
C_{12}	236	0.522 1	C_{31}		

表 3　第二层指标对第一层指标的相对权重

项目	权重	项目	权重
C_{11}	0.148 3	C_{23}	0.078 6
C_{12}	0.162 0	C_{24}	0.094 3
C_{21}	0.099 0	C_{31}	0.330 0
C_{22}	0.087 9		

3.3　检索并计算各指标

提取馆藏图书数据，选取 5 种图书（见表 4）作为样本进行测算。经过统计发现，图书一般经过 5 年以后才会引用数据，10 年以后的引用数据处于稳定状态，且图书利用情况也需要假以时日才能体现，所以本次研究选取 2008 年之前出版社的图书为样本来揭示馆藏中文图书价值的评价过程。

表 4　图书样本数据

序号	ISBN	题名	作者	出版社	出版年
1	7-80161-031-8	海上货物运输法	尹东年，郭瑜	人民法院出版社	2000
2	7-5632-1251-5	新编海商法学	司玉琢	大连海事大学出版社	1999
3	7-5632-1636-7	海上保险合同法详论	汪鹏南	大连海事大学出版社	2003
4	7-5620-2087-6	提单及其付运单证	杨良宜	中国政法大学出版社	2001
5	7-81078-018-2	国际货运代理法律及案例评析	孟于群，陈震英	对外经济贸易大学出版社	2000

通过各个数据来源平台,检索得出样本图书相关指标值,见表5。为了把不同来源的数据统一到一个参考系下,对表中数据做归一化处理,其中 X、Y 分别为转换前、后的值,V_{max}、V_{min} 分别为样本的最大值和最小值。极大型指标,按照式(1)做归一化处理;极小型指标,按照式(2)处理。

$$Y = \frac{X - V_{min}}{V_{max} - V_{min}} \tag{1}$$

$$Y = \frac{V_{max} - X}{V_{max} - V_{min}} \tag{2}$$

表5 相关指标检索计算结果

序号	出版社被引比例	作者著作量	作者被引量	引用量	借阅量	版次	读者评价	收藏馆
1	0.391 3	9.28	349.66	578	825	1	8.7	86
2	0.361 2	62.2	3 005.9	871	223	1	9.1	51
3	0.361 2	14.5	284.9	33	175	2	8.5	44
4	0.390 5	62.9	1 545.2	145	170	1	9.3	210
5	0.409 6	21.62	53.68	128	10	1	8.8	469

同时,归并著作量和著作被引用量项,得出表6。

表6 评价样本图书及指标规范值

序号	出版社指标 C_{11}	著者指标 C_{12}	被引量指标 C_{21}	借阅量指标 C_{22}	版次指标 C_{23}	读者评价指标 C_{24}	收藏馆指标 C_{31}
1	0.621 9	0.050 1	0.650 4	1.000 0	0.000 0	0.250 0	0.901 2
2	0.000 0	0.993 5	1.000 0	0.261 3	0.000 0	0.750 0	0.983 5
3	0.000 0	0.087 8	0.000 0	0.202 5	1.000 0	0.000 0	1.000 0
4	0.605 4	0.752 6	0.133 7	0.196 3	0.000 0	1.000 0	0.609 4
5	1.000 0	0.115 1	0.113 4	0.000 0	0.000 0	0.375 0	0.000 0

3.4 计算每种图书价值

计算各要素的权重比例值与归一化后的表征值乘积之和,即为每种图书的价值。计算出 5 种图书的价值分别为：0.573 5、0.678 2、0.440 7、0.537 6 和 0.213 5。因此,在这 5 本图书中,价值由高到低,分别是司玉琢的《新编海商法学》、尹东年和郭瑜的《海上货物运输法》、杨良宜的《提单及其付运单证》、汪鹏南的《海上保险合同法详论》、孟于群和陈震英的《国际货运代理法律及案例评析》。

4 结语

由于图书价值评价涉及的内容较多,对馆藏中文图书价值的评价做了尝试性研究。本研究已综合众多前人的研究成果,但尚未把所有指标应用在本研究中,而且数据来源和研究方法的选择不同,也会有不同的结果。对于图书评价而言,更需要深入到方法本身,去对评价方法的合理性、评价指标的具体构成、评价指标的量化测度进行剖析和解读,从而为建立更加科学的图书评价方法体系提供行之有效的支撑[10]。馆藏图书价值评价研究的作用除了图书馆藏策略的修正外,还体现在评价馆藏建设水平及合理性分析、资源配置规划、空间回收决策、馆藏建设修正等方面[11]。实践证明,本指标体系结合专家调查法可用于计算图书价值,且能从出版社、著者、图书引用量、借阅量、版次、读者评价和收藏馆数量等多维度综合评测图书价值。

参考文献：

[1] 陆怡洲.试析图书质量评价的客观要素——兼论构建图书采访技术体系[J].图书馆杂志,2012(6):33-36.

[2] 刘利,袁曦临.外文学术图书质量评价实证研究[J].图书情报工作,2011(21):93-97.

[3] 钟楚.经营性图书出版单位等级评估是如何进行的——专访新闻出版总署出版管理司司长吴尚之[J].中国出版,2009(9):20-23.

[4] 北京世纪读秀技术有限公司.被引图书种数最多的出版社(2018)[EB/OL].(2018-07-15)[2020-08-12].http://ref.duxiu.com/RefReport/publish.

[5] 杨毓丽,丁媛,张苏.基于 ESI 单本外文图书质量评价体系实证研究——以计算机学科为例[J].图书馆杂志,2015(7):11-18.

[6] 开蓉嫣.图书馆藏价值初探[J].上海高校图书情报工作研究,2013(3):16-18.

[7] 张艳丽.学术图书质量评价方法与评价指标研究评述[J].出版发行研究,2015(12):18-21.

[8] 毛晓燕.中文馆藏图书价值评价的影响因素研究[J].图书馆学研究,2013(13):50-52.

[9] 蔡迎春.基于"类目细分"的核心出版社 h 指数雷达图实证研究——以国内经济类核心出版社为例[J].图书情报工作,2011(11):70-75.

[10] 任红娟.我国图书评价方法研究述评[J].图书情报知识,2016(5):22-29.

[11] 韩爽.高校图书馆纸本馆藏多维度评估模型的构建[J].图书馆学研究,2018(21):31-37.

作者简介:

王静芬,硕士,馆员,研究方向为图书馆资源建设。

中职校教学诊改工作现实难题及其对策

罗高美

摘　要：中职校在开展教学诊改工作现实中，面临"内生动力"观念领会、"全覆盖"要求和信息化平台研发等诸多难题。基于这些现实难题，提出管理上寻找切入突破、依归上打造两链螺旋、实施上发挥全员作用、技术上研发诊改平台等对策建议，以期促进中职校教学诊改工作的顺利开展。

关键词：中职；诊断与改进；难题；对策

0　引言

教育部下发《关于建立职业院校教学工作诊断与改进制度的通知》（教职成厅〔2015〕2号）、《关于做好中等职业学校教学诊断与改进工作的通知》（教职成司函〔2016〕37号）和《中等职业学校教学工作诊断与改进试点学校复核工作指引（试行）》后，全国中高职院校都在不断推行教学工作诊断与改进（以下简称诊改）试点工作，在"切实发挥学校的教育质量保证主体作用"上，逐步不依靠外部评估情况下，实现自我承担质量保证主体责任。下面从中职校教学诊改工作面临的难题出发，进行对策研究。

1　教学诊改工作概述

时任教育部职业教育与成人教育司高职发展处副处长任占营在《职业院校教学工作诊断与改进制度建设的思考》一文中指出，"建立职业院校教学工作诊断与改进制度是'管办评'分离的必然选择""建立职业院校教学工作诊断与改进制度是学校履行主体责任的重要内容"和"建立职业院校教学工作诊断与改进制度是持续提升培养质量的重要抓手"。其主要任务是"完善职业院校内部质量保证体系""提升教育教学管理信息化水平"和"树立现代质量文化"。

2 中职校教学诊改的现实难题

教学诊改的文件和专家的论述,对中职校质量建设的要求不低。中职校在实施教学诊改的现实中遇到不少难题。

2.1 改变外部作用为诊改产生"内生动力"的观念需要领会

以往国家和地方推出示范校、重点校、骨干校等一批项目建设和教学质量评估等工作,中职学校在"以项目推动改革"和"以评估促进改革"中凝聚了优质资源,积累了办学经验,从而也促进中职校的教学改革。项目建设和评估工作等,一般由教育行政部门或者第三方来组织,通过回溯式、终结性来静态"证明"学校的教育教学工作的质量。

中职校教学诊改启动后,其主要目的是"不断发挥学校的教育质量保证主体作用""不断完善内部质量保证制度体系和运行机制"和"成为教育行政部门加强事中事后监管、履行管理职责的重要形式"。

诊改工作是实施"管办评"分离要求下职业院校的自觉行为,通过螺旋式、前瞻性来动态"改进"学校的教育教学工作。中职校的诊改工作要改变外部作用为激发"内生动力"的观念是诊改工作中难题之一。

2.2 学校整个系统都要适应诊改"全覆盖"的要求需要落实

项目建设和评估工作,学校的管理层是主导者,教职工和学生做好配合工作;而诊改工作却是涵盖5个纵向系统、5个横向层面所有环节,全员、全过程、全方位学校整个系统的全覆盖工作。

诊改工作现实中,有人理解"诊改工作是一把手工程"为"这是管理层的事情",而自己仅仅是"被动执行者"的身份和姿态,不正确理解全员、全过程、全方位的"三全"原则,不能正确理解诊改工作贯穿教学实践,融入整个学校系统的全覆盖要求。

2.3 以"大数据"为基础的信息化平台需要研发和完善

诊改要保证科学性、真实性、可行性和常态化,以"大数据"为基础的信息化诊改平台是开展诊改工作的重要基础之一。由于各所学校的信息化建设水平不同,需要自主研发为主与学校内部质量保证体系整体规划、同步设计、分步实施的诊改共享信息化诊改平台,成为现实难题之一。

诊改信息化平台在数据录入时,首先需要真实,否则无法反映真实存在的问题,数据就失去意义。诊断项目的依据、与诊断要求和诊断点相互关系,需要明确。收集的数据需要便捷,减少不必要人力物力投入,否则有损于诊改工作常态化、高效化。

3 中职校教学诊改的对策研究

中职校面对上述难题,对策上从管理、依归、实施和技术4个方面着手予以应对。

3.1 管理上寻找切入突破

国家和地方有关教学诊改工作项目参考表,涵盖学校的办学定位、人才培养、专业建设、课程建设、师资建设、招生就业、设施设备、质量监控等。中职校作为中职教学诊改工作的实践主体,承担的任务量无疑是巨大的。

中职校面对巨大教学诊改工作量,统筹学校教育全局是不可或缺的。在学校发展战略规划和专项规划基础上,以国家和地方职业教育改革发展要求,制订相应的教学诊改工作运行方案。

教学诊改运行方案要全面铺开,首先需要寻找切入点,从切入点的专项教学诊改出发,实现诊改工作的局部突破。例如:现实实践中,有中职校以专业质量建设为切入点,构建内部质量保证体系实现突破,进而推动学校教学诊改工作的发展。

3.2 依归上打造两链螺旋

诊改的"五横"上,要求在学校、专业、课程、教师、学生不同层面,建立完整和相对独立的自我质量保证机制。因此,在学校规划目标的统领下,各专业、课程、教师和学生分别建立各自的目标,每个层面根据实际情况反复研讨论证,确定有可靠依据的目标。

"标准是目标的支撑,是诊断的标尺"。在横向5个层面上建立各自"下有底线,上不封顶"多个维度、多个要素和可测量的标准。

纵横联结的目标和标准,形成全校性的目标链(或目标体系)和标准链(或标准体系)。

目标和标准两链不是一成不变的,其集中体现在"8字螺旋"上。其意义在于营造教学工作"持续良性运行、上下左右联动、自觉改进提升"的动力机制,其关键在于"诊断"与"改进"两个环节。诊断发现问题,改进激发内生动力。

3.3 实施上发挥全员作用

中职校教学诊改工作是一项艰巨而又复杂的系统工程,涉及学校教育工作的所有方面。因为在实施上要做到发挥全校上下全员的积极作用,所以既要高度重视又要加强落实,既要分解分工又要合作协调。全校全员积极主动、团结一心,稳步推进教学诊改工作取得实效。

3.4 技术上研发诊改平台

从中职校教学诊改现实来看,信息化建设水平是非常重要的基础。诊改平台需要与内部质量保证体系协调设计、整体规划,以需求为导向,自主研发。

诊改平台设计数据中心时,要破解信息孤岛问题。统一的数据标准、数据交换以及接口规则由学校制定;针对不同的层面设定检测标准,将目标进行量化;完善的大数据平台,让每一位师生员工都拥有个人工作页面,以便于形成个人画像,实时查看与自己有关的各项数据;平台对各项数据能进行汇总、分析和预警反馈,为学校人才培养质量与诊改效果提供数据支撑,从而为学校治理和决策提供有效依据。

4 结语

综上,中职校的教学诊改工作是一个长期、不断的过程。中职学校清晰认识到诊改工作的现实难题,厘清观念,在实践中履行人才培养的主体责任;分析现状,建立和完善有效的运行;积极主动,逐项突破,稳步顺利地推进教学诊改工作。

参考文献:

[1] 任占营.职业院校教学工作诊断与改进制度建设的思考[J].国家教育行政学院学报,2017(3):41-46.

[2] 杨应崧.关注职业院校教学诊改工作①:打造"两链",找准诊改的起点[N].中国教育报,2017-9-26(11).

[3] 袁洪志.关注职业院校教学诊改工作③:高职教学诊改应重点做好三件事[N].中国教育报,2017-10-31(11).

[4] 汪建云.关注职业院校教学诊改工作④：培育"8字螺旋"夯实诊改基础[N].中国教育报,2017-11-7(11).

[5] 杨应崧.理念先行、绘制方案、问题导向、精准发力[R].重庆：全国职业院校教学诊改委,2017.

[6] 朱红华.关于职业院校教学诊断与改进工作的几点思考[J].广东职业技术教育与研究,2019(1)：113-116.

[7] 黄金超.职业院校教学工作诊断与改进制度建设研究[J].成都中医药大学学报,2020(6)：34-35.

[8] 李伊.大数据时代高职教学诊改研究[J].教育现代化,2020(7)：173-176.

[9] 刘慧.学校教学工作诊断与改进的难点及对策研究[J].教育评论,2019(6)：137-140.

[10] 王贡献,沈发治,王如荣.以专业质量建设为切入点构建高职院校内部质量保证体系[J].佳木斯职业学院学报,2018(6)：25.

[11] 张文有.实施中职校教学诊断与改进工作的路径探索[J].现代职业教育,2019(20)：220-221.

作者简介：

罗高美,计算机技术工程硕士,工程师,上海海事大学高等技术学院、上海港湾学校教育研究室主任,研究方向为机电技术教育研究。

德育与学生工作

职业院校立德树人的转识成智的思考

王 檠, 黄 杰

摘 要: 2020年9月1日《求是》杂志发表了题为《思政课是落实立德树人根本任务的关键课程》的重要文章。党的一八大以来,习近平总书记在党中央召开的各种教育工作会议上以及在基层的走方考察中都多次强调思政课建设,把思政课作为落实立德树人的教育根本任务来对待,即立德树人的教育目标必须通过思政课这个桥梁来实现。因此,最关键的内容应该是思政课通过"转识成智"的方式来实现,即通过转变教育思维方式、工具理性与价值理性的统一与把思政教育回归生活和实践来实现。这就为新时代思政课的进一步发展与提高指明了方向。

关键词: 职业教育;立德树人;思政课;转识成智

0 引言

2020年9月1日《求是》杂志发表了题为《思政课是落实立德树人根本任务的关键课程》的重要文章。正如文章中强调的那样,习近平总书记一直关心着思政课工作。党的十八大以来,习近平总书记在党中央召开的各种教育工作会议上以及在基层的走访考察中都多次强调思政课建设,把思政课作为落实立德树人的教育根本任务来对待,即立德树人的教育目标必须通过思政课这个桥梁来实现。因此,最关键的内容应该是思政课通过"转识成智"的方式来实现,即通过转变教育思维方式、工具理性与价值理性的统一与把思政教育回归生活和实践来实现。这就为新时代思政课的进一步发展与提高指玥了方向。

那么如何在思政课中实现立德树人的教育目标呢?最关键的内容应该是思政课通过"转识成智"的方式来实现,即通过转变教育思维方式、工具理性与价值理性的统一与把思政教育回归生活和实践来实现。也就是说,思政课是"转识成智"之学,是"知行合一"之学,是立德树人之学。思政课正是通过"转识成智"来实现立德树人这一教育目标的,即思政课是在正确认识知识的作用、功能及其内在的有限性的基础之上,从培养和发展学生智慧的角度来实现"立德树人"的教育目标。

1 转识成智内涵

那什么是"转识成智"呢？中西方哲学家对"智慧"与"知识"之间的关系有着大致类似的观点：在西方哲学中,"智慧"一方面"是指总体性知识,即完满的知或全知",另一方面则超越于"知识"之外,"总是与人类的生活实践有关是对于实践和指导实践的智慧,因而它具有一定的伦理性,与道德有关"。在中国传统哲学中,"智"有泛称,有专称[1]。专称则简称智,而其义与知识迥别;泛称则知识亦得名智。这即是说,中西方传统哲学中"智"的含义都表现为两种,一种含义与知识相同,另一种笼统地说都与道德有关,中国哲学中直截了当地说明"本心之明谓智""良知即智之别名""智是性灵之发用",把智慧看作与道德同义,并且同时是知识发生的前提：知识的形成需要内因与外缘,一方面,知识作为对现实世界的反映,就如同照相机与镜子对外物的反映,必须对外物的"感摄"才能形成知识;另一方面,照相机与镜子与人对现实世界的反映的不同之处在于人有能"了别"作用的主动力,这种主动力就是人类天然清明的"本心"的"发用"——"习心""习种"。知识就是"本心""化于物"的"习心""习种""深入"和"了别"客观现实世界而形成的。"知识固是客观现实世界的反映,然知识之成,毕竟有内在的主动力深入乎物、了别乎物,才成知识。此主动力即吾人本心天然之明,所谓智是也。"[2]

单就"知"和"智"来说,这两个字在上古文献中是通用的——意义相同。说两者"通用",是相对于两汉以后二者用法的分工："知"表示"知识"和"知道"等含义,而"智"则表示"智慧"和"明智"的含义。在甲骨文和金文中,"智"的意思是成人用简册所记载的内容(知识、智慧)来教育儿童。"知"也有大人教给儿童知识的含义。再结合相关文献中的用法,可以确定"知"的本义应是"知识"或"智慧"。因此,从字形上看,"智"和"知"在中国文化早期并没有严格的区别,而都有知识与智慧的含义[3]。只是在两汉以后,"知"与"智"才区别开来,"转识成智"的含义才能得以明确的表达。

国无德不兴,人无德不立。"立德树人"是中国特色社会主义教育的根本目标,在孔颖达对《左传》"三不朽"中对"立德"的注疏是"谓创制垂法,博施济众,圣德立于上代,惠泽被于无穷",即所谓的树立德业是最大的功业。所谓"树人",就是培养造就人才。尹之章对《管子》中"终生之计,莫如树人"的"树人"注释为:"谓济而成立之。""济"有帮助与扶助的含义。因此,"立德树人"的含义即可以表达为树立德业而造就人才,使其培养良好的德性和具有丰富的科学文化知识,从而成为社会主义所需要的全面发展的人才。

2 思政课需要"转识成智"的原因

从"立德树人"的教育目标可以看出,教育应该是以人为本,德育为先。思政课作为落实立德树人根本任务的关键课程起到了举足轻重的作用。但是长期以来,由于受多种原因的影响,特别是"知识就是力量""知识就是权力""知识改变命运"等观念的影响下,片面地追求知识的讲授而忽视了对学生德性的涵养,从而给知识教学不可避免地带了种种不良后果,特别是培养了大量的"单向度的人",违背了社会主义教育的初衷,也不利于社会主义教育的健康发展。

第一,教育形式注重知识的传递而忽略了智慧的发展。当前的教育形式侧重于对知识的经验性的传承而不重视对学生智慧的发展。主要表现在当前的教育形式将师生定位于主客体关系,教师作为教育活动的主体,具有能动性,而学生则只能作为教育受动的客体,处于被动地位。教师以知识传递为中介连接主体和客体。这种教育形式一方面发挥了教师的教学引导与课堂的示范作用,提高了知识传递的速度与效率,在某种程度上适应了当前以考试为主的教育模式的需要;另一方面也暴露出各种弊端,诸如高分低能、填鸭式教学、满堂灌等现象,特别是作为教育对象的客体失去了智慧的发展,逐渐成为"单向度的人"。

第二,教育内容注重工具理性而忽略了价值理性。工具理性压倒价值理性是从工具理性与价值理性的分离开始的。这种分离一方面造成了自然科学的独立,另一方面造成了德性的衰落。这一方面推动了我国科学技术的发展与社会进步,但另一方面当这种分离演变成隔离甚至对立的时候,自然科学与技术科学就试图充当整个科学的代名词,而包括思想政治教育在内的人文科学则逐渐失去独立的位置,甚至在市场化力量面前沦为工具理性的"奴仆"。在这种工具理性居统治地位功利环境中,学生耳濡目染自然而然地会重理轻文,在思政课堂上必然会应付了事,这就导致立德树人的目标根本难于实现。

第三,把德育知识化而忽略了德育的实践性。这个问题发生的原因是职业院校思想政治理论课自身定位。也就是说,职业院校思想政治教育把自身定位为思想政治理论教育的主导位置,把思想政治教育实践作为辅助。这实质上是把德育知识化,是"知识即美德"的现代表现,也是当前"知识"教育模式统治学校教育的典型表现。这种理念的出发点是认为美德是可以传授的,只要通过马克思主义书本理论的教学与考试就可以完成青年学生的品德培养,就可以改变青年学生的世界观、人生观与价值观,就可以为社会主义培养合格的接班人与建设者。

3 知识与智慧的关系:"道问学"是"尊德性"的途径

追求知识的实践过程也渗透着对智慧的追求,只不过追求知识的过程是有限的,智慧的追求是无限的,不是一次就能达到的,但是二者是分不开的。由此可以看出,当前思政课的教育迫切需要实现"转识成智",即把知识转化为智慧,用人类的理论理性,包括知识去达到对人生意义与价值世界的觉解。如何"转识成智"?儒家思想是通过"尊德性"与"道问学"集中体现"转识成智"思想的,即德性固然是学习的目的,但是学问也是必不可少的。否则正如《论语·阳货》所说"好仁不好学,其弊也愚;好知不好学,其弊也荡……"等,脱离了知识的德性培养会造成各种不好的后果,也就是说德性的培养离不开知识的积累与增长,知识的积累与增长在德性培养中具有重要地位,否则就会产生各种弊端,因此"转识成智"必然就是"尊德性"与"道问学"的统一。"故君子尊德性而道问学,致广大而尽精微,极高明而道中庸",朱熹注为"尊德性,所以存心而极乎道体之大也。道问学,所以致知而尽乎道体之细也"[3]。也就是说,朱熹是从"体用"的角度说明了"尊德性"与"道问学"之间的关系,指明了"问学"是"德性"之道,从而通过下学上达,觉悟绝对即在相对中而实现儒家的"道德境界"。因此,王阳明说"道问学即以尊德性也",并且指出,不通过问学的尊德性,是空空的尊,同样,只是问学而不尊德性,则是空学。[4] 这是因为如果为学仅仅停留在以知识的形式存在的阶段,则仍然会具有外在于人的特征;只有与人的内在心性相融合,使其化为人的德性(即智慧),知识才有其最高意义,这样的道问学才是体道明道的最高学问。[5]

4 思政课的"转识成智"途径

从以上分析中,我们得出"道问学"即是"尊德性"的途径。由此,依据古为今用的原则,我们可以说,思政课的"转识成智"其实质就是"道问学",即在于使学生在知识的学习中扬弃知识的有限性,在有限的知识中把握无限的智慧,做到"知行合一",从而使社会主义核心价值观成为其内在的"自证的德性"。那么在思政课中如何实现"转识成智"呢?根据以上分析,大概表现为主客观两个方面:

从客观方面来说,思政课要想实现"转识成智",一方面,必须在思政课的教育形式中转变教育主体的教育思维方式,即从教育"主客体"的思维方式转变为"双主体"的思维方式,以调动受教育者的积极性与能动性,为受教育者实现"转识成智"创造前提条件。首先把受教育者从教育对象与客体转变为有主体性的对象与客体,把教育目标从考试及格转变为立德树人,从而使教育主体加深对思想政治教育规律的认识,即教育主体本身也应该是受教育者,其自身应该首先实现"转识成智"。其次,要求把教学方式从单向的灌输式转换为双向的互动式,从而使受教育者从被动接受转换为主动接受,最终达到"转识成智"的有效性和"立德树人"教育的目的。另一方面,从思政课的教育内容而言应该在正确认识工具理性与价值理性自身的内在合理性与价值的同时做到工具理性与价值理性统一,从总体上把握二者的相互关系,即是把握好"智慧""德性"与"知识"之间的统一性,只是这里的"智慧""德性"已经不是儒家的"仁义礼智信",而是新时代中国特色社会主义思想中的社会主义核心价值观,就是习近平总书记2014年5月4日在北京大学师生座谈会上所强调的"核心价值观,其实就是一种德,既是个人的德,也是一种大德,就是国家的德、社会的德"。由此,思政课首先应该纠正"工具理性"压倒"价值理性"的错误观点,特别是纠正功利主义与实用主义对学生的影响。事实上,如果一切皆工具,那么必然造成人自身就是工具的形而上学的片面的理解,也必然培养出的不是德智体美劳全面发展的社会主义接班人,而是缺乏人文主义、价值理性维度的"单向度的人"。在批判与纠正这种错误思想的前提下,思政课才能为"转识成智"做好准备。

从主观方面来说,思政课要想实现"转识成智"必须在实践中使受教育者实现自性的体认与自觉,即是在实践中使其实现对自我的认同与觉悟。这个过程具体分为两个过程,首先需要使受教育者在实践体认到自我的本性,其次使受教育者在体认到自己本性的同时使其觉悟到自我的本性与现实生活与社会实践的不可分离性,或者说使其觉悟到自我的本性即是自我的生活与现实的实践。就前者来说,思政课要通过各种社会实践使受教育者体认到自身的界限,包括自身思维的界限与认识和实践的界限,即其能力的界限,这个界限就是其自身本性的外在表现,所谓"认识你自己"即是此意。在这一实践过程中,既有其自身知识的运用,也有其对自身内在思维与认识的反省,即反省即体认。就后者而言,在受教育者在体认前者的基础之上,使其觉悟到自我的本性与现实生活与社会实践的不可分离性,即使其觉悟到自我的本性就是自我的生活与现实的实践。正是在这个意义上,受教育者体验到道德与智慧的觉醒,时时以其约束自我,规定自我,从而使受教育者从自在转变为自觉,在思政课的实践中实现了"转识成智"。因此,我们必须在思政课的教学过程中努力把知识教育回归生活教育,把课堂教学转化为实践教学,在实践中体验与践履德性与智慧。这种实践教育、智慧教育突破了西方所谓的"知识即美德"的知识教育,把智慧与美德的获取回归于其原初的生活世界,回归于其原初的道德践履,这既是对传统教育弊端的克服,也是对思政课内在规定性的真正体现。正如习近平总书记在3·18讲话中所强调的:"要坚持理论性和实践性相统一,用科学理论培养人,重视思政课的实践性,把思政小课堂同社会大课堂结合起来。"

5 结语

思政课之所以作为落实立德树人根本任务的关键课程,乃是因为通过思政课的教育教学活动可以实现立德树人的社会主义教育目标。通过以上分析可知,思政课自身之所以能够完成其历史使命,乃是因为其自身的内在规定性和根本特征——"转识成智"所带来的。思政课实现"转识成智"既有客观的条件,也有主观内在的原因。就主观内在的原因来说,受教育者在社会实践中实现自性的体认与自觉即是其核心,同时也是"立德树人"的核心。由此,我们可以说,思政课实现"转识成智"即是实现了"立德树人"的教育目标。

参考文献:

[1] 张汝伦.重思智慧[J].杭州师范大学学报(社会科学版),2010,32(3):1-9.

[2] 熊十力.熊十力全集(第7卷)[M].武汉:湖北教育出版社,2001.
[3] 朱熹.朱子全书(第六册)[M].上海:上海古籍出版社,2002.
[4] 王守仁.王阳明全集[M].上海:上海古籍出版社,1992.
[5] 韩星.《中庸》"尊德性而道学问"章疏解[J].江淮论坛,2015(6):103-108.

作者简介:

王槊,学士学位,研究生学历,辅导员,研究方向为思想政治教育。

中职教学"放管服"的思考

宗爱芹

摘 要："放管服"就是简政放权、放管结合、优化服务的简称,也是政府工作改革的重要举措。针对中职学生的特点,在学校教学中引入"放管服":"放课堂教学、放课外活动、放考核评价";健全各项管理制度;做好各项服务工作,目的是促进学生确立人生目标,学会自我管理,促使其健康成长。

关键词:放管服;学分银行;学生社团

0 引言

中职学生是一个比较特殊的群体,相较于普通高中生,大部分中职学生在学习和个人行为方面存在着种种问题,如自制力差,没有形成良好的学习习惯,人生目标不明确,对自己缺乏信心等。因此,如何培养学生学习兴趣,提高学生实际操作能力,提高学生综合素质,始终是中职教学改革的一个重头戏。

1 放

1.1 放"课堂教学"

如果课堂教学还是排排坐,老师讲,学生听、记,前面 5~10 分钟学生还能坚持,再后面就有些学生睡觉了,随着时间的推移,学生即使没有睡觉,但处于游离状态的人数会越来越多。长此以往,学生对学习会失去兴趣。老师抱怨学生上课不听,学生抱怨上课无聊,上课变为师生相互"折磨",为了完成教学任务,老师只能"自娱自乐",学生为了不"打扰"老师,只能睡觉。

为了增加课堂教学的趣味性,专业课程通常强调"理实一体""学做一体"。

其实文化基础课程,也可以设计成"学做一体"的。例如语文书中王安石的《游褒禅山记》,课堂教学可以设计为小组讨论,引导学生轮流做"导游"讲解游览路线,既锻炼了学生的语言表达能力,又提高了课堂参与度。让学生"讲话",要学生"讲话",学生想睡觉都难。此外,这篇课文不是一般的游记,描绘山水是为了说理,作者把自己对生活的认识寄托于游山探奇的感受中:立志,借助外力,而后全力以赴、坚持不懈,即使没有成功,也不后悔,也不会遭到别人的讥笑。引导学生说说自己的生活经历,曾经全力以赴做过的事情,或回想起来值得骄傲的事情。学生讨论得到的感悟,比单纯的说教效果要好。

"放",是为了还课堂给学生,以学生为中心组织教学,符合中职学生的心理特点,提高他们的学习兴趣,激起他们的学习欲望。

1.2 放"课外活动"

学生社团在中职学校扮演着不可或缺的角色,是中职学校新时代教育办学理念、德育渗透、校园文化建设、能力培养以及学生全面发展成效的集中映射[1]。

一般学校开设有文艺类社团、体育类社团、学习类社团。学生根据自己的兴趣、特长参加相应的社团。在社团活动中,引导学生自我表现,利用其自身的"闪光点",帮助他们建立起自信心。

例如,学校的学习型社团"电子DIY",学生通过自己动手制作一些电子产品,如声控灯、电子抢答器等。当学生完成了自己的作品时,脸上洋溢着成功的喜悦。在此过程中,学生学会了如何辨认电阻、电容、三极管等电子元器件,如何焊接元器件,如何使用万用表等,既强化了理论知识的学习,培养了兴趣,又提高了实践操作能力及自信心。

放"课外活动",学生凭兴趣"学习",即使有压力,也是他们愿意承担的,且愿意为此付出努力。如此,可以提高学生的自信心及综合素质。

1.3 放"考核评价"

没有评价就没有教育。对学生的学习评价最终以分数呈现。一般,平时成绩、期中考试成绩、期末考试成绩各占一定的比例。

学习困难的学生,有些是学习目标不明确,学习态度不端正,自制力差,课上没精神,课下异常"活跃"。如果此类学生不能得到及时的、很好的帮助,那么他们会一方面演变成影响班级管理的"问题生",形成对班级的负面影响;另一方面会影响其个人的长远发展,是教育的失败,也是素质教育所不允许的,对学生及其家长来讲是极其不负责任的。

此外,还有些是智力偏下的学生,他们不调皮、不捣乱,学习态度认真,无奈接受能力差而成为学习困难的学生。例如中职学生的英语一般不太好,有个别学生甚至26个字母都认不全,要他们跟在老师后面练习听、说、读、写,就是浪费时间。考试肯定不及格,即使补考也不会及格。针对这样的困难学生,要因材施教,在课程教学中引入"学分银行"的理念,使学生能够自由选择学习内容、学习时间、学习地点。成绩评定时甚至可以不用试卷考试。

放"考核评价",就是改变分数是一切的观念,考核方式灵活多样,目的是不放弃任何一个学生的成长。

2 管

"放"不是自由,是建立完善制度的基础上的放,即放管结合。

2.1 健全课堂教学评价机制

传统的课堂教学评价重在教师的"教"上,如评价指标中有教学设计、教学态度、管理能力、业务水平等,教学质量偏重"教"的质量。

现代课堂教学评价,除了包括教师的教外,更侧重于学生的"学",学生的学习态度、学生的课堂参与度、学生对知识的掌握程度、学生能力的提高程度等。健全课堂教学评价机制是促进学生成长、教师专业发展和提高课堂教学质量的重要手段,是对教师的肯定,是对学生的责任所在。

2.2 健全社团运行机制

学生社团是课堂教育的延伸,是学生自我教育、自我管理的重要阵地。社团活动的良性发展离不开指导教师、学校对学生团体的有效管理、资金和场地的充足保障、学校对社团的考核机制。

建立学生自主管理体制。学生参加课外社团活动一方面是兴趣所在,另一方面也是希望通过参与活动来提高组织、管理能力,学生在活动中发挥自己的特长、展示自己的才能、表达自己的个性,满足学生的成长需求。

2.3 建立课程抵充制度

为了激发学生参加各类社团活动的积极性,培养学生的创新意识、动手能力,学校需要制定详细的政策来给予学生学习、活动上的支持,凡是通过各类社团活动、培训,并在活动或竞赛中获得佳绩的学生,可根据学校制定的相关政策抵充平时考试不合格的课程,抵充的课程门数以及科目,可根据活动或竞赛获得的名次以及活动或赛事的等级,由学校的相关部门进行审核和评定[2]。这对学习困难的学生尤其重要,可以"曲线救国",获得健康成长的机会。

3 服

"服"指学校提供优质服务。

3.1 育人环境作基础

加强校园环境建设及教育教学设施的投入,营造良好的学习、工作、生活环境,构建和谐稳定的校园。

教学硬件上,创设学做一体的教学环境,本着以学生为本,对学生负责的原则,开设学生自助中心、社团活动中心、开放型实验实训室、开放型图书馆,并设阅读区、讨论区、电子阅览室等。

文化环境上,张贴校训、名人名句、励志名言、艺术雕塑、工匠精神等,既讲实用,又讲艺术。搞好校园卫生清洁和绿化,使师生身在校园,如置身于花园。让学生在这样的环境中时时处处受到形象的感染、正面的教育、艺术的熏陶,促进学生思想品德的形成和发展。

3.2 师资队伍作保障

"理实一体化"的课堂,要求教师有过硬的专业知识,有效的教学组织能力,重视过程评价等。为此组织教师通过培训先学习,先改变,成为合格的新时代的专职教师。

学校为学生提供菜单式社团活动,聘请专业指导教师。指导教师可以由学校有相应特长的教师担任,也可以通过校企合作,引进企业技术人员、艺人等。例如,插花社、书法社、糖人吹画等艺术型社团,聘请非物质文化遗产传承人参加,也是对传统文化的发扬光大。

3.3 学习资源作辅助

学习资源指可用于学习的一切资源,包括信息、人员、资料、设备和技术等。一般根据表现形态的不同分为硬件资源和软件资源两类。硬件资源指学习环境,软件资源包括教材、音频、视频等。

随着信息化的发展与学习资源进行了有机的结合,学习资源新兴的网络教育社区、教育博客、校园网等平台,已将学习资源在网上进行了共享,如公共学习平台有网易云课堂、教育视频网、免费听课网、智慧教育云平台、酷学习网站等。学校课程建设中开发的精品课程、专业教学软件、实训软件、题库、竞赛软件、微课等。学习资源众多,鱼目混珠,良莠不齐,学校为学生提供有针对性的学习资源,做好资源推广服务。

4　结语

中职教学"放管服",涉及学校、教师、学生的方方面面。教师做好"形放而神不放",放管结合。学校做好"管服",管不越位、管不缺位、管不错位。任务非常烦琐。困难的确不少。但是,只要进一步转变理念,大胆用足用好信息技术、高科技手段来助推改革,不仅能改善课堂生态、提高效率,又能减轻教师和学生的精神压力,以有限的教师资源更好地专注于创新管理和高效服务,有针对性地"送教上门",不失为化被动为主动的可行选择。

参考文献:

[1] 魏鹏.高职院校学生社团管理模式的创新研究[J].民营科技,2017(10):130.
[2] 陈东林.大学生社团活动与素质教育的思考[J].高等农业教育,1998(6):69.

作者简介:

宗爱芹,本科,工程硕士学位,高级实验师,研究方向为虚拟仿真及管理。

积极心理学视角下中职生自我管理能力培养策略

楚晓红

摘　要：中职生自我管理能力关于中职生的可持续发展，关系中职校的教育管理实效，培养中职生良好的自我管理能力对职业教育发展和学校教育管理大有裨益。然而，通过问卷调研发现，中职生自我管理能力还存在认知不足、规划能力不够、目标不明确等问题。自我管理是一个漫长且持续的过程，不局限于短期的管，更是长期的能力养成。因此，尝试转变传统解决问题模式，从积极心理学的视角出发，关注学生的内在积极力量，从学生个人、学校教育、家庭教育等方面提出中职生自我管理能力的培养策略。

关键词：中职生；自我管理；积极心理学

0　引言

　　竞争日益激烈的社会，不仅需要中职生具备过硬的专业技能，还需要注重综合素质的培养。中职生正处于青春期，有自我意识增强、独立能力较差、目标不明确、情绪动荡、无视纪律、生活不规律等特点，为教育管理者带来很大挑战。提高中职生自我管理能力，不仅对提高个体竞争力、增强其可持续发展有重要意义，对中职校的教育管理也大有裨益。

　　积极心理学突破以往对个体缺陷的研究习惯，调整为对于人的内在的积极力量的探讨。1998 年，塞利格曼在艾库玛尔（Akumal）会议上，确立了积极心理学研究的三大领域，即积极情绪体验、积极人格特质和积极组织系统。增强个体积极情绪体验有助于培养积极人格，积极人格有助于人们采取有效的策略去应对问题，积极心理学还强调个体与社会环境的交互作用，环境也会影响个体积极意识的形成。本研究以积极心理学为视角,突破传统管压式的管理模式,以学生为中心,激发中职生内在积极力量,促进自我管理。

1 研究对象与方法

1.1 研究对象

此次调查涉及上海港湾学校、上海新闻出版学校、上海西南工程学校、上海奉贤中专、上海第二轻工业学校、上海材料工程学校等6所中职学校。共发放学生问卷400份,回收有效问卷395份,有效回收率为98.75%。其中男生207人,占总数的52.4%,女生188人,占总数的47.6%。学生年龄分布在14~20岁。

教师问卷发放26份,回收有效问卷26份,有效回收率为100%。男教师10人,占总数的38.5%,女教师16人,占总数的61.5%;班主任教师15人,占总数的57.7%,非班主任教师11人,占总数的42.3%;实习课教师3人,占总数的11.5%,专业课教师12人,占总数的46.2%,学工部教师3人,占总数的11.5%,其他类型的教师8人,占总数的30.8%。教师教龄在1~31年。

1.2 研究工具

(1)中职生自我管理问卷(学生问卷):采用张凤学(2017)研究中的学生问卷,分为认知管理、规划管理、学习管理、人际关系管理、情绪管理、日常生活管理和时间管理等7个维度,共29个项目,5点计分(1表示非常不符合、2表示比较符合、3表示基本符合、4表示比较符合、5表示非常符合),评分越高表明中职生自我管理水平越高。

(2)中职生自我管理问卷(教师问卷):从学生自评问卷中,抽取15个项目组成教师他评问卷,其中学习行为管理和日常生活管理组成"行为自我管理"维度,共4个项目,其他11个项目组成"概述性评价",计分同学生问卷。对行为管理评价和概述性评价做皮尔逊积差相关分析,结果显著相关,$p<0.01$,说明教师对这两个方面的评价具有高度的一致性,评价结果可以接受。

1.3 统计方法

采用SPSS18.0进行描述统计和t检验分析。

2 结果分析

2.1 教师问卷和学生问卷的描述统计

学生问卷中各项目描述统计发现,中职生在认知管理、规划管理、学习管理、人际关系管理、情绪管理、日常生活管理、时间管理等7个维度上的项目均分在 3.35~3.89 之间,项目"我玩得高兴的时候就很难停下来"上得分2.95,低于一般水平,可见中职生具有一定的自我管理能力,时间管理能力较差。

教师问卷中各项目描述统计,人际关系项目均值大于3,其余项目均值在 2.19~2.71 之间,可见教师评价中职生的自我管理水平相对较差。

2.2 中职生行为自我管理学生自评与教师他评对比

行为自我管理学生自评与教师他评结果的对比分析见表1。从表1可以看出,中职生行为自我管理的自评结果与教师他评结果差异显著,$t = -6.838$,$p < 0.01$,教师他评中职生的自我行为管理水平显著低于学生自评;学习行为管理方面,教师他评与学生自评结果存在显著差异,$t = -9.668$,$p < 0.01$,教师他评显著低于学生自评;日常生活方面,教师他评与学生自评结果存在显著差异,$t = -4.753$,$p < 0.01$,教师他评显著低于学生自评。

表1 行为自我管理学生自评与教师他评结果的对比分析

项目	评价主体	平均数	标准差	t	p
学习行为	教师	2.46	0.574	-9.668	0.00
	学生	3.62	0.812		
日常生活	教师	2.70	0.970	-4.753	0.00
	学生	3.56	0.893		
行为自我管理	教师	2.52	0.608	-6.838	0.00
	学生	3.59	0.781		

一方面,青春期的中职生对评价结果较为关注,不排除中职生对自己的评价有"社会赞许"效应;另一方面,中职生存在认知片面的特点,过高的自我管理评价可能是中职生对自己认知不足的表现,而教师作为中职生行为的直接观察者,他评的结果更为客观。

3 中职生自我管理存在的问题及成因分析

3.1 中职生自我认知不足,自我管理意识不强

中职生正处于青春期,受限于认知发展的片面性,对自我的判断定位还不准确,对自身的优劣势认知不足,缺乏客观性,情绪波动大,容易受外界影响。以往中职生处于家长、教师安排好的学习与生活环境中,缺乏对自身的要求。进入中职校,学习不再是生活的主旋律,校园环境宽松多元化,社会上的新鲜事物层出不穷,中职生的自控能力、明辨是非能力较弱,容易被动地迷失,养成不良的习惯,又对加强自身学习、时间、生活、情绪等方面的管理缺乏足够的意识。

3.2 中职生目标不明确,规划能力不够

中职生对学习没有兴趣,缺乏学习动力,也没有明确的学习目标,普遍自信心不足,周围环境如家长、教师、社会对中职生的偏见一直存在,间接影响中职生对自己的评价,容易使他们放弃自己,形成得过且过的态度。无论是时间管理、规划能力、规划的执行能力或者执行过程中的韧性都比较差。

3.3 学校教育缺乏对中职生的积极关注

自我管理强调中职生的主观能动性,传统的教育管理模式中学生是被管理者,管理的目标能够管压住学生就好,忽视了对学生的引导,抑制了学生自主性发展,降低了学生的积极性,甚至会引起学生的不满情绪。同时,管压的管理模式,强调学生不好的一面,忽视学生自身的积极优势,影响管理者与学生之间的良性互动。教育管理者关注解决问题,忽视对个体本身的积极关注,缺少积极关注理念,导致教育氛围和校园文化往往只是教和管,教育环境缺少积极氛围,不利于中职生自我管理能力的培养。

3.4 家庭教育缺少对中职生自我管理能力培养的认识

家长只关注成绩和学生安全,对学校综合素质的教育不够重视,甚至不予积极配合,这种只关注结果忽视过程,只关注成绩而忽视学生心态和品格的培养,都是家庭教育缺乏对中职生自我管理能力培养意识的表现。此外,现在很多中职生家庭都是独生子女家庭,家长对孩子过度溺爱,满足孩子的一切需求,进行"包办"的教育教养,会导致养成依赖的习惯,从而缺乏主动性,极大地阻碍了中职生自我管理能力的提升。

4 基于积极心理学视角中职生自我管理能力培养策略

4.1 学生积极关注自我,增强自我管理意识

4.1.1 完善自我认知,发挥积极优势

清晰、全面的自我认知是中职生身心健康发展的前提,中职生认识自己的途径有自我觉察和同伴、教师、家长、社会的评价反馈。教育者需要积极地引导中职生进行正确的自我认知,过程中引导中职生悦纳自己,接受自己的优点和缺点,鼓励充分发挥优势,对于缺点进行适当引导改善。在清晰、全面的自我认知上,进一步发展自我,进行目标设定、学习管理。

4.1.2 增加积极体验,增强自尊自信

中职生常常表现出不自信、低自尊、消极等情绪体验,积极心理学关注每个人的积极优势,关注个体的积极情绪体验。教育管理者要善于发现不同学生身上的特点,适当鼓励教育,增强中职生积极心理体验,帮助中职生建立自信心。中职生从学习成绩提升、职业技能提升、良好品德培养、综合素质提高、课外活动参与等多方面发展培养自己,获取成就体验,提升自信。

4.1.3 明确目标规划,加强自我管理

自我管理需要中职生发挥主观能动性,明确自己的目标。中职生在认知自我、充满自信的基础上,再明确目标、规划自己,在目标实现的过程中,发现成功和不足之处,加深对自我的认知,增加积极情绪体验,克服挫折困难,进一步修正目标、调整规划,这是自我管理中的良性循环过程。教育者在此过程中,以旁观者的角度引导、帮助学生制定合理的目标,进行具体可行的规划,需要保证目标能够实现,规划可以执行,才不会适得其反。

4.2 学校以学生为中心,创建积极校园环境

4.2.1 教师调整传统理念,提升积极意识

教师在课堂中改变一味对学生缺点的关注,尝试发现学生的优点,增加学生的积极情绪体验,发挥学生的优势,为教育教学服务;教师发挥榜样的作用,教授学生知识的同时,以积极的态度影响学生,用积极的人格品质引导学生,激发学生自我管理的内在需要,激励他们成为勇敢拼搏、乐观向上、独立自主的人;教师要处理好与学生的教育关系,发掘学生自己的力量,在充分了解、尊重学生的基

础上,避免对学生的学习、生活进行灌输式的教育,要让学生发现自身的力量,帮助学生学会自助、自主、自理,树立自我管理的信心。

4.2.2 管理突出主体性,评估实现多元化

传统的管理模式"不出事就行",忽视了中职生的主体性,不利于中职生的可持续发展。管理者应该关注学生的优势,以学生为中心,使中职生感受到被尊重,突出中职生的主动性,促进积极自我管理。日常管理中,管理者不仅强调学生对制度的执行,还要减少学生的逆反情绪,突出学生自我管理的主体性,如学生自律委员会、学生会、学生社团等学生自管组织的规章制定可以遵循学生的意见。学校设立多元化发展目标,班级建立多元化评估体系,如成绩考核、活动参与、兴趣爱好发展、人际交往、品德考核等多方面评估,促进学生从多方面进行自我管理。

4.2.3 营造积极氛围,培养积极人格

班主任有针对性地开展积极教育活动,借助主题班会、班级团辅活动、班级学风建设、班干部培养等形式实现。首先,树立积极意识,加强挫折教育,帮助中职生养成坚韧、乐观的品质。运用心理学知识,调整认知,使学生保持乐观情绪,为自我管理输送动力。其次,建立和谐人际关系。帮助中职生建立和谐的人际关系,构建同伴互助、师生有爱、亲子积极沟通的团体,为中职生在自我管理道路上提供有力的社会支持。最后,创建积极氛围,培养积极人格。在班级内进行积极心理教育,尊重、鼓励、支持学生培养积极心理品质,并将积极品质内化到自我管理中。

4.3 家校积极沟通,促进自我管理

首先,学校教育争取家长的支持。家庭教育是学校教育的补充,家校联合,学生才能全面发展。其次,家长有意识地培养孩子自我管理能力。中职生正逐渐走向成年,家长需要放手让其自主完成任务,培养孩子的自主能力。再者,家长提升积极意识。学校通过对家长进行积极心理教育的培训,帮助家长提升积极意识,关注孩子的优势发展,培养孩子的自信。家长的积极情绪、积极态度、自律的良好品质,是孩子学习的榜样,有利于孩子学习自我管理。最后,搭建沟通平台。通过微信交流群、电话、家委会、家访、家长会、家长团体辅导等交流平台,加强家校沟通,探讨有效的中职生自我管理培养方式。

参考文献:

[1] 杨帆.中职生自我管理能力培养研究[D].呼和浩特:内蒙古师范大学,2013.

[2] 张凤学.贵州省中职学生自我管理现状调查研究——以贵州省 D 学校为例[D].贵阳:贵州师范大学,2017.

[3] 李翠华.中等职业学校学生自我管理的调查研究——以烟台市中等职业学校为例[D].烟台:鲁东大学,2015.

[4] 秦己媛.积极心理学视域下大学生自我管理能力提升策略研究[D].哈尔滨:哈尔滨师范大学,2019.

[5] 谢君.积极心理学在中职学生自我管理中的应用[J].中学课程辅导,2018,12(14):178-179.

作者简介:

楚晓红,硕士,上海海事大学港湾校区心理健康教师。

浅析中职生自信心培养策略

彭敬竹

摘　要：较同龄学段的普通高中学生而言,学生在受到中考落榜以及社会对中职生的不认可等多重心理压力后,难免会产生强烈的自卑感、心理矛盾与冲突。为了探究中职生缺乏自信心的原因,从而找到培养中职生自信心的策略与方法,对上海港湾学校在校中职生进行线上问卷调查,调查结果显示原生家庭、个人能力是影响自信心的最主要的原因,学生多数认为改善这两个因素对提升自信心的作用最大。因此,通过改善原生家庭环境、依托提升个人技能方法有利于培养学生的自信心,帮助学生正确地认知自己,勇敢地追求未来。

关键词：中职学生；自信心培养

0　引言

　　自信心是对自我的一种积极评价,在一生的成长道路上起着重要作用。自信心能够激励学生自我完善,帮助学生追求理想,也是成长路上必备的心理素质与个性品质。对于刚刚踏入校园开始还尚未明确自己人生及职业生涯规划,对未来感到迷茫使得中职生内心产生自卑自弃的心理,进而缺乏努力的方向,渐渐地造成学习动力不足、缺乏学习兴趣的现象,导致中职学生自信心不足。因此,需要通过相关措施以培养学生的自信心。

1　中职生自信心调查结果分析

　　本次线上问卷调查对象为上海港湾学校2017级至2020级在校学生,回收有效问卷144份。男生人数占比66.67%,女生人数占比33.33%,小于18岁占比82.64%,18～20岁占比17.36%。其中2017级学生样本占比6.25%、2018

级学生样本占比 21.53%、2019 级学生样本占比 27.78%、2020 级学生样本占比 44.44%。机电一体化专业人数占比 36.11%、机电设备安装与维修专业人数占比 1.39%、物流服务与管理（港口物流）专业人数占比 31.25%、外轮理货（集装箱运输与物流管理）专业人数占比 11.11%、国际商务专业人数占比 11.11%、邮轮乘务专业人数占比 9.03%。其中认为自己自信的学生人数占比 41.67%，认为自己不自信的学生人数占比 17.00%，介于自信与不自信的学生人数占比 46.53%。其中对建立自信心渴望度达 100% 的学生占比 31.26%、在 80%~99% 之间的学生占比 27.08%、在 60%~79% 之间的学生占比 27.08%、在 40%~59% 之间的学生占比 6.94%、对建立自信心渴望度低于 40% 的学生占比 7.64%。在调查中发现外界否定、原生家庭、个人成长经历、不够优秀、不善沟通、同学关系、性格缺陷、自身学历、学习成绩等一些原因会导致中职生不自信。下面将具体分析影响中职生自信心的主要原因，并提出具体解决方法，帮助中职生建立自信。

2　影响中职生自信心原因分析

2.1　个人成长压力

中职生普遍在处于青春期、思想行为叛逆的阶段，学习目标不明确，没有积极的学习态度，缺少主动性与进取心。中职生普遍都处在十五六岁的年龄阶段，正处于青春期，也是人生观、价值观形成的关键时期，在面对家长期望、考试竞争、就业压力和社会偏见的种种影响时，容易对外界产生抵触、恐惧的心理，时间久了就会造成消极、悲观的人生态度。

2.2　原生家庭因素

调查发现，大部分中职生受单亲家庭因素影响，在成长的经历过程中与家长的交流与相处模式中，缺乏父爱或母爱以及来自家长的关心与鼓励，也导致正处于青春期的孩子会有一些叛逆、不太愿意与父亲或者母亲进行深入的交流，造成长时间的心理压抑，甚至导致各种心理问题的出现。

2.3　社会舆论的偏见

由于社会上对中职校的偏见普遍存在，很多人认为中职生是低层次的受教育群体，也普遍存在认为中职生是不爱学习、有不良行为习惯的"差等生"现象，在只看文凭而忽略个人能力的社会影响下,无形中会给中职生带来一些心理压力,使得中职生对社会产生了一定的抵触心理,也会造成"走出校园,底气不足"的现象发生。

2.4 陌生环境影响

大部分中职生家庭条件不太好,多数学生也是因为可以申请免费教育才选择的中职学校,看到经济条件好的同学,他们会联想到自己的家庭,从而导致了心理自卑。此外,住宿的学生因为自理能力差,很多事情都要自己独立完成,对于十五六岁的学生,一旦事情做不好,则会怀疑自身的能力,进而失去了自信心。

3 中职生自信心培养对策

3.1 积极开展亲子交流活动

为增加学生与家长的沟通交流机会,培养并加深亲子感情,班主任教师可每学期组织1～2次亲子交流活动。例如,利用中国的传统节日,如父亲节、母亲节,以组织学生为家长制作手工小礼物、写书信表感恩等活动形式来加深学生与家长的交流,增进学生与家长的感情,从而改善原生家庭对学生自信心培养造成的负面影响。

3.2 注重学生个人能力提升培养

在"你认为改善哪些环境对你建立自信心的作用最大?"问题中,对于"家庭环境""学校环境""同学关系""个人提升"等答案,47.92%的学生认为改善"个人提升"环境作用最大。通过培养学生各方面的兴趣与爱好,提高学生参与积极性,鼓励学生参加校区社团、文艺表演,让学生体验成功表演后的收获感与充实感,从而增强学生的自信心。在"你认为导致不自信的原因除了家庭、个人成长经历外的其他原因是什么?"问题中,"社交恐惧""心理建设不强大""性格内向""做某件事情失败"的答案较多。要鼓励提升学生的为人处世能力、社交沟通能力,培养学生建立阳光自信的性格,从而增强自信心。

3.3 推行"鼓励式"教育模式

多数中职生因为不爱学习、性格调皮、成绩较差等原因在成长的过程中受到来自家长、教师及社会上的批评与打击,长时间会造成心理上的叛逆与"不被认可"的感受,从而导致没有自信。在"你觉得提升自信心的方法有哪些?"的问题中,"表扬与鼓励""希望得到温暖""老师帮助""家长鼓励""同学关怀""同学帮助""家人理解""多些温暖""鼓励""得到鼓励"的答案为最多。可见,中职生的内心是希望得到更多的认可的。因此,在教育教学的过程中,学校、教师、家长要给予学生更多的帮助与关怀。在心理认识上,要改变对中职生的负面看法,给予中职生更多认可的态度;在教学上,积极引导并鼓励学生学习;在言语沟通上,少一些批评教育,多一些鼓励话语。

3.4 营造良好学习氛围

良好的学习氛围是建立自信心的重要外在因素。班主任教师是直接联系学生的纽带之一,对学生的人生观、价值观的形成起着指引作用。在日常教育管理过程中,通过组织参加心理讲座、开展班风班貌建设活动、加强师生情感交流激发学生学习活力,营造积极良好的学习氛围,为培养学生的自信心提供良好的外部环境。积极开展学习兴趣活动,激发学生学习兴趣,营造积极向上的学习氛围,提供轻松愉悦的学习环境,培养爱学、乐学的学习习惯,提高学习成绩,建立学习能力自信。

4 结语

中职生正值风华正茂的年纪,自信心的建立将对学生的一生成长起着重要作用。因此,为缓解中职生在面临个人成长压力、家庭、社会及陌生的外在环境带来的负面影响,通过开展亲子交流活动、提升个人能力、推行鼓励式教育、营造良好的学习氛围来帮助中职生建立和培养自信心,树立自信乐观的态度,鼓励学生在未来的成长道路上能够勇敢地面对挫折,积极乐观成长。

作者简介:

彭敬竹,会计、项目管理硕士,研究方向为会计、项目管理。

浅析中职生实训课程课堂听课行为

薄 坤

摘 要：中职课的教学效果，与中职生的听课行为密切相关。以实训课程为载体，对不同年级的3个班级的听课行为进行统计分析，得出以下结论：一个班级课堂秩序与班风有关，与女生数量并不密切相关；不遵守课堂纪律要求的学生数量越少，课堂秩序和教学效果越好；课堂纪律、教学效果、期末成绩，与遵守纪律的学生比例有关，与班级里女生数量关系不密切。最后，提出教学管理的应对对策。

关键词：中职生；实训课程；听课行为

0 引言

中考，对于每一位初中毕业生来说都是学习生涯的重要一考。中考成绩不佳的学生，往往不能升入高中，通常进入中等职业院校。因此，就读中等职业院校的学生的学业成绩较低。以在我校就读的学生群体来看，就读中职院校的原因有成绩可上高中但报考失误、学习认真但严重偏科、不爱学习等3类。前2类学生是日常教学中的听课的学生，第3类学生则是不听课的学生，这类学生往往影响教学效果。

1 中专专业课课堂教学情况总体概述

我校所录取的学生中，有的中考成绩达到了普通高中的分数线，有些成绩很低，导致同一个班级的听课水平差距较大。专业课课堂教学情况如下：

（1）睡觉现象严重。课堂睡觉的情况十分普遍，短则半小时，长则两节课。

（2）无视课堂纪律。有的学生上课不听讲，也不听老师劝阻，对老师大吼大叫;有的学生玩手机,老师不让玩时,个别学生会做出过激的行为;有的学生不想上课,就拿上厕所做理由,一出去就不回来。

(3)不写作业。对于课堂布置的作业,不做、不交的也占有一定比例。

以上3种情况,是影响教学的主要情况。往往课堂上出现一个或几个这样的学生,教学秩序就会受到影响。个别学生在该学期或几个学期都是不学习的代表,任课老师都达成共识。当一个班级在课堂教学中出现上述现象时,任课教师是十分无力的。管与不管,都会影响正常的教学秩序。

对于一个班集体而言,如果这类学生占班级学生的10%~20%,课堂局面尚属可控。一旦超过这个值,将出现无法正常上课的情况。若任课教师维持课堂秩序,严格些,会影响教师的情绪;松一些,无效果。任课教师一个学期至少要走进该班级18次,如果过于严厉,课堂要么一团嘈杂,要么一片睡觉,实际教学阻力很大。

因此,班级不听课的学生的比例与课堂效果成反比关系,见表1。其中,这一比例越大,课堂秩序越难维持。如达到50%,则会影响到听课的学生,出现大规模逃课、打游戏、睡觉等现象。

表1 不听课学生数与课堂效果之间的关系

不听课学生数占班级人数比例/%	课堂效果
<10	良好
10~20	可控
>20	不可控

2 中专实训课程课堂听课行为分析

实训课程的特殊性在于上课地点在计算机机房,学生需要电脑操作完成课堂要求。相比传统教室授课的课程,在实训教室上课睡觉的学生少,学生的参与度高。但不利之处便是打游戏的多,特别是部分同学可以通过简单的操作脱离教师系统控制,下载游戏,单人或多人联机游戏,严重影响课堂秩序。

下面对不同年级的3个班级的实训课堂听课行为进行比较。

(1)比较对象不同(表2)。比较对象来自3个不同年级,班级人数10人以内。从性别特征上看,女同学数量少,男同学数量多。女同学占班级总人数的比例依次是0%、50%和20%。

表2 不同性别的学生数量

班级	男同学/人	女同学/人
A班	10	0
B班	4	4
C班	4	1

（2）喜欢课上睡觉的学生数量见表3。通常这类学生睡觉时间占课堂时间的50%~100%。每个班级都有1~2位经常性睡觉的同学，占班级总人数的比例分别是10%、25%和20%。

表3 喜欢课上睡觉的学生的数量

班级	男同学/人	女同学/人
A班	1	0
B班	0	2
C班	1	0

（3）课上玩手机、游戏和聊天的学生数量见表4。通常这类学生会手机不离手，并不听管理。此类同学占班级总人数的比例分别是10%、25%和20%。

表4 课上玩手机、游戏和聊天的学生的数量

班级	男同学/人	女同学/人
A班	1	0
B班	1	1
C班	1	0

（4）不能按时完成课堂作业的学生数量见表5。此类同学占班级总人数的比例分别是10%、12.5%和60%。

表5 不能按时完成课堂作业的学生数量

班级	男同学/人	女同学/人
A班	1	0
B班	0	1
C班	2	1

表 2～表 5 中,从性别、睡觉、课上玩的和不按时完成作业等 4 种情况,对 A、B、C 3 个班级情况进行了统计,3 个班级的课堂表现、学习态度由好到差依次是 A 班＞B 班＞C 班。这个结果与期末成绩相符。由于表 3～表 5 涉及的睡觉、课上玩的和不按时完成作业情况对课堂秩序和教学质量影响最大,因此其具体表现是:

(1) 当符合 3 种情况的学生数占班级总人数的比例不大于 10% 时,班级日常学习情况和期末成绩基本不受影响。

(2) 符合 3 种情况的男同学为 8 人次,女同学为 5 人次,占男生总数的 45%,占女生总数的 100%,可见男同学的课堂纪律总体不如女同学,但女生不遵守课堂纪律的占比更大。其中 B 班和 C 班的总人次相等,并大于 A 班。3 种情况总人次占各班人数的比例依次是 30%、62.5% 和 100%,说明 C 班不听课情况最严重,数据与实际教学情况相符。

(3) 3 种情况中,不按时完成作业的情况最严重,其次是玩游戏,影响最小的是课上睡觉。

(4) 女生占比与课堂纪律和教学效果关系不大。

综上,一个班级课堂秩序好坏与班风有关,与女生数量并不密切相关。不遵守课堂纪律要求的学生数量越少,课堂秩序和教学效果越好。不遵守课堂纪律的女生也很多。课堂纪律、教学效果、期末成绩的好坏,与遵守纪律的学生比例有关,与班级里女生数量关系不密切。班级总体喜学,教学效果就好,反之则不然。

3 教学管理应对对策

(1) 入学初期给予学生心理建设。中职生入校后,多数认为自己是被中考淘汰的,成绩差、学不好。这样的心理,会让他们在学习中形成懒惰的态度,先给自己定性为学不好,然后就放弃学习。很多学生直到毕业,也没有认真学过一门课。但是,有的学生在学习过程中,受到点拨、提醒,会醒悟,然后慢慢变好,这样的学生占一定比例。因此,在入学第一年,持续地对他们进行心理建设,有助于改变学生对自己的认识,也有利于后续的学习。

(2) 班长、班风很重要。如 A 班,只有一位同学不听课、睡觉、玩游戏,其他同学学习劲头十足,在这种课堂氛围的带动下,这位同学慢慢自我意识提高,加上同学的帮助,后期渐渐缩小了与大家的差距,最终成绩良好。正如"近朱者赤,近墨者黑",向好的大环境,会带动落后者。反之,若班长带头逃课、打游戏,法不责众,任课教师很难深入开展教学。

(3) 改进学业管理手段。将补考与精神奖励和经济奖励挂钩,补考的学生不能参与学业期间任何奖励的评选,或改补考为重修,增加不听课的惩罚成本。

(4) 针对教学中的各类学生、各类问题,提供专业的方法支持。

作者简介:

薄坤,硕士,上海港湾学校讲师。

课程与线上教学

新形势下"多式联运"定义的新解读

宋 彬

摘 要：当前，多式联运已成为一种新型的重要的国际运输方式，受到国际运输界的普遍重视。然而，由于多式联运的概念起源于欧美国家的运输实践，各个国家的体制、环境和视角各不相同，对于多式联运内涵的界定也不尽相同。这对于多式联运相关课程的教学也是一种挑战。因此，从中外关于多式联运的不同定义出发，结合我国多式联运的现状和背景，试图厘定出一个符合我国国情和行业实践的多式联运定义，以期为相关的教学给出相对科学的阐释。

关键词：多式联运；Multimodal Transport；Intermodal Transport

0 引言

目前，我国正在积极推进"一带一路"倡议，这为多式联运的发展带来了历史性的契机。2017年1月，交通运输部等18个部门参与起草的《关于进一步鼓励开展多式联运工作的通知》(以下简称《通知》)经国务院同意，正式印发实施，各地多式联运创新实践也在如火如荼地进行，我国的多式联运迈入发展的黄金时期。《通知》的出台，标志着我国已将多式联运发展上升为国家层面的制度安排。但是，由于多式联运的概念起源于欧美国家的运输实践，各个国家的体制、环境和视角各不相同，对于多式联运内涵的界定也不尽相同。一段时间以来，我国对多式联运的概念并不清晰，分不清楚综合运输、综合交通运输、多式联运、联程运输、联合运输以及一体化运输等概念。

因此，将综合分析各国关于多式联运的概念，并基于此，给出一个相对更为科学的定义。

1 对于多式联运各种定义的分析

"多式联运"一词最早出现在 1929 年《华沙公约》,而关于其英文,有"Multimodal Transport"和"Intermodal Transport"两种。由于体制、环境和视角的不同,目前各个国家对于多式联运内涵的界定也不尽相同。

1980 年 5 月在瑞士日内瓦联合国贸易和发展会议通过的《联合国国际货物多式联运公约》(United Nations Convention on International Multimodal Transport of Goods, 1980)中,对国际多式联运(International Multimodal Transport)作出如下定义:"国际多式联运是指按照国际多式联运合同,以至少两种不同的运输方式,由多式联运经营人将货物从一国境内承运货物的地点运至另一国境内指定的交货地点。"("International multimodal transport" means the carriage of goods by at least two different modes of transport on the basis of a multimodal transport contract from a place in one country at which the goods are taken in charge by the multimodal transport operator to a place designated for delivery situated in a different country.)即便该公约至今尚未生效,其关于国际多式联运的定义还是具有一定的参考价值。

关于 Multimodal Transport 和 Intermodal Transport,与中国把两者无差别译成"多式联运"不同,欧盟委员会发布的《组合运输术语》(Terminology on Combined Transport)对这两个概念给出清晰的界定:Multimodal Transport 被简单定义为"以两种及以上运输方式完成的货物运输";而 Intermodal Transport 则被具体定义为"货物全程由一种且不变的装载单元或道路车辆装载,通过两种及以上运输方式无缝接续,并且在更换运输方式过程中不发生对货物本身操作的一种货物送送"。由此可见,欧洲的 Multimodal 近似于我国通常泛指的"多式联运"概念,而 Intermodal 则有更具体的技术内涵,它只是 Multimodal 的一种特定方式,两者并不等同。迄今欧洲已发展起 3 种基本的标准化运载单元,即集装箱、可脱卸箱体(swap-body)、厢式半挂车(semi-trailer),如图 1 所示。

美国运输统计局(BTS)和运输研究委员会在其专业术语词典中,把多式联运的两个概念 Multimodal 和 Intermodal 基本等同。但在美国许多研究报告中,Multimodal 更多泛指多种运输方式的组合,而 Intermodal 则侧重于针对标准化运载单元的两种运输方式之间的快速转运,这与欧洲有关多式联运的概念趋向一致。

(a) 集装箱吊装　　　　(b) 可脱卸箱体吊装　　　　(c) 厢式半挂车吊装

图1　欧洲标准化运载单元及其转运吊装形式

中国一直以来对"多式联运"的理解与欧美国家有很大不同：

一是概念内涵差异大。我国之前一直没有专业的《多式联运术语》标准，而关于多式联运的一些相关概念的定义则分散在《物流术语》以及《集装箱运输术语》《道路运输术语》《铁路货运术语》等各单一运输方式术语中。国家标准《物流术语》(GB/T 18354—2006)将"多式联运"(使用 Multimodal Transport)定义为："联运经营者受托运人、收货人或旅客的委托，为委托人实现两种或两种以上运输方式的全程运输，以及提供相关运输物流辅助服务的活动。"其强调"一个承运人"承担"全程运输"，更多的是参考《联合国国际货物联合运输公约》中关于国际多式联运的定义，与欧美多式联运的内涵有本质区别。但是该定义并不适用于国内货物运输。国内货物的多式联运强调的是通过货物的快速转运来提高运输效率。此外，《物流术语》设定了"联合运输"这个概念(其早期版本对应 Combined Transport；2006版则改为 Joint Transport)，并定义为"一次委托，由两个或两个以上运输企业协同将一批货物运送到目的地的活动"。

二是概念使用不规范。典型如学术界的解读多式多样，对综合运输、多式联运的概念和内涵，涉及有衔接式、协作式、一体式、一站式等多维度的定义和解释，少数学者翻译借鉴欧美概念时浅尝辄止，反而模糊了多式联运的准确含义。

上述问题反映出中国对多式联运的本质特征尚缺乏准确的把握，对多式联运发展形式和组织模式研究不深，相关概念的关系与内涵表述不够清晰。从实践看，中国发展多式联运主要聚焦在集装箱领域(目前仅关注海铁联运)，其他诸如以厢式半挂车为运载单元的公铁、公水联运以及整车公铁滚装联运等形式，在中国还没有普及。

2　新形势下多式联运定义的界定

2017年,在充分借鉴并吸收我国现有术语和国外术语的基础上,结合我国多式联运的发展现状以及未来发展趋势,交通运输部发布了《货物多式联运术语》(JT/T 1092—2016,2017年4月1日正式实施)。其中,联合运输(Multimodal Transport)被定义为:从接受委托至到达交付,组织两程或使用两种以上的运输方式完成的货物运输形式。多式联运(Intermodal Transport)被定义为:货物由一种且不变的运载单元装载,相继以两种或多种运输方式连续运输,并且在快速转换运输方式的过程中没有对货物本身进行操作的运输方式。所谓的运载单元(Intermodal Loading Unit)是指:可以在不同运输方式之间实现快速装卸和转换的标准化储运容器,包括但不限于集装箱、可拆卸箱体和半挂车等。

综上,对目前关于"多式联运"的主流定义进行梳理,并确定从范围来看,可以将其分为国内多式联运和国际多式联运。着重界定国际多式联运,并依据我国法律和现行术语以及国际公约与惯例的规定将国际多式联运定义为:国际多式联运是指按照国际多式联运合同,通过一次托运、一次收费、一张单证、一次保险,由多式联运经营人将货物由一种且不变的运载单元装载,相继以两种或多种运输方式连续运输,并且在快速转换运输方式的过程中没有对货物本身进行操作的前提下,将货物从一国境内承运货物的地点运至另一国境内指定的交货地点,并由多式联运经营人对货物运输全程负责的运输方式。

3　结语

目前,中国多式联运呈现全面发展的良好势头,内贸运输以"散改集"为突破口快速增长,驼背运输、公铁两用车、智能空轨系统等新装备新技术带动下的多元化多式联运形态和服务开始起步。铁路系统全线发力,成为多式联运的主力军。港口、航空、水运和公路把多式联运作为业务创新与市场扩张的战略突破口。在这样的新形势下,无论是教学还是实务都需要一个为"多式联运"厘定一个更加科学的阐释,上述分析也许是一个不错的尝试。

作者简介：

宋彬,讲师,上海海事大学交通运输规划与管理专业硕士,目前任教于上海海事大学高等技术学院、上海港湾学校,研究方向为国际航运管理、现代物流。

新冠肺炎疫情背景下中高职语文网络教学的探索与实践

李文军

摘　要：2020年初，教育行业因新冠肺炎疫情防控的需要，线下教学全部改为线上网络教学，需要在培养学生学习兴趣、有效地提高网络教学效率、评价学生学习效果等方面进行初步的探索与实践。通过建课、备课、上课、课后四个环节，遵循在教学活动中正确、灵活地运用直观性教学原则，利用音频和视频，充分调动学生的感官，促进思维发展，让学生逐步沉浸于文本中，感悟语文天地之宽、感悟语文意境之美。实施"任务引领型"教学模式，促成知识的迁移，提高学生综合运用知识的能力，激发探究问题的兴趣。

关键词：网络教学；教学原则；任务引领；思维交互

0　引言

2020年初，突如其来的一场新冠肺炎疫情迅猛席卷全球，生活原本的常态被无情打破。非常时期，白衣战士们无所畏惧，披荆斩棘奔赴前线；中国人民面对共同"敌人"，同仇敌忾，守望相助，共克时艰。

不可避免，教育行业也因疫情防控的需要，线上教学模式成为特殊时期的必然选择。教育部提出"停课不停学"的要求，2020年春季学期，语文中高职线下课堂教学全部改为线上网络教学。线上授课的教学方式对我来说是一种全新的体验，需要在培养学生学习兴趣、有效地提高网络教学效率、评价学生学习效果等方面进行初步的探索与实践。

1　班级概况

笔者执教的班级是：2018 级机电一体化中高贯通班和 2019 级全部中专班。2018 级中高贯通班选用的教材是高等教育出版社《语文》拓展模块。本套教材坚持以人为本的改革理念，促进学生发展；淡化"学科本位"，彰显职教特色；务实求真，遵循语文教学规律。第一单元是散文单元，5 篇散文均内涵丰富，让学生掌握散文欣赏的基本方法，掌握语言辨析和作批注的阅读方法，接受中华民族历史文化和智慧的熏陶，能从中有所感悟，获得启迪。第二单元是古诗文单元，通过赏析名家名篇，提高欣赏品味、培育审美情趣、提升审美能力、培养对中国传统文化的热爱。第三单元是小说单元，本单元阅读与欣赏的重点内容是联想与想象，感知小说以生动鲜明的人物形象和巧妙曲折的故事情节，形象地反映了当时的社会现实。2019 级中专班，共 116 人参加中职易班网上课堂（上教版）学习。

2018 级中高贯通班女生 6 人，男生 23 人，已完成上海市学业水平测试，本学期是他们最后一个学期学习语文，高等教育出版社《语文》拓展模块的选文又有一定难度，针对这种情况，思想上高度重视，逐步摸索出线上授课行之有效的方法。

2　建课

在学校和教务科的精心组织和安排下，在超星学习通老师的技术指导下，利用寒假学习如何使用超星平台网上资源建课，初步掌握了首页、活动、统计、资料、通知、作业、考试、讨论、管理等区域各项功能的使用方法，并顺利构建两门课：语文拓展（高教版）和语文第二册（上教版）。

3　备课

3.1　课前做到"三备"

"三备"指：备教材、备学生、备教学方法。备课是教师上课前的准备工作，是上好课的先决条件。这就要求教师认真备课，要常备常新，常新常备，从而为保证教学质量、提高教学效率提供保障。钻研教学材料，做到"心中有书"；了解教学对象，做到"目中有人"；考虑教学方法，做到"手中有法"；拟定教学计划，做到"胸中有数"。

为了营造线下教学环境,让学生听到老师亲切而熟悉的声音,采用录播课的形式,把重要的知识点用 PPT 展现出来,用 EV 录屏软件制作课程。基于网课只有 30 分钟时间的限制,一般录课散文和小说 1 节课约 30 分钟,古文知识点多而难,需要 2 节课约 60 分钟。录播课的屏幕是学生和教师思维交互的主要载体,通过文本的动态呈现,以"屏动"带"眼动",以"眼动"促"脑动"。

3.2 网上收集音视频

教学原则是教师有效地开展教学工作所必须遵循的基本要求或指导原理。其是根据教育教学目的、教学过程的规律而制定的,既指导教师的教,也指导学生的学,并贯穿于教学过程的各个方面。在教学活动中正确、灵活地运用教学原则,对提高教学质量和教学效率发挥着重要的保障性作用。

直观性原则是指教师在教学中要利用学生的多种感官和已有的经验,通过多种形式的感知,丰富学生的直接经验和感性知识,使学生获得生动的表象,从而有助于学生比较全面、深刻地掌握知识,并使认识能力得到较好的发展。

模像直观是直观的具体手段之一,指运用各种手段对实物的模拟,包括图片、表格、模型、幻灯、录音、录像、电影、电视等。课前搜集和网上教学相关的幻灯、视频和音频。视频:北京胡同的变迁、网易公开课《圆明园》、三峡风光、中国内蒙古、辛弃疾的故事、谈谈鲁迅、电影《祝福》片段等。音频:课文原文朗读,其中现代文如《废墟的召唤》《祝福》《一个人的遭遇》《老人与海》《米洛的维纳斯》《肖邦故园》《中国画与西洋画》《古希腊的石头》等,文言文如《过秦论》《鸿门宴》《六国论》等。结合课文《把栏杆拍遍》,补充辛弃疾的两首词:《破阵子·为陈同甫赋壮词以寄之》和《水龙吟·登建康赏心亭》。《破阵子·为陈同甫赋壮词以寄之》通过追忆早年抗金部队豪壮的阵容气概以及作者自己的沙场生涯,表达了作者杀敌报国、收复失地的理想,抒发了壮志难酬、英雄迟暮的悲愤心情;通过创造雄奇的意境,生动地描绘出一位披肝沥胆、忠心不二、勇往直前的将军形象。《水龙吟·登建康赏心亭》上片开头以无际楚天与滚滚长江作背景,境界阔大,触发了家国之恨和乡关之思。"落日楼头"以下,表现词人如离群孤雁、像弃置的宝刀难抑胸中郁闷;下片用三个典故对于四位历史人物进行褒贬,从而表白自己以天下为己任的抱负,叹惜流年如水,壮志未酬。两首词充满激情的朗读有助于学生对课文进行深入的理解和鉴赏。

音频和视频,可以充分调动学生的感官,通过"听觉"学习和"视觉"学习,促进思维发展,让学生逐步沉浸于文本中,感悟语文天地之宽、感悟语文意境之美。

3.3 课前发布上课通知

每次上课前,笔者都会认真拟一份上课通知并上传超星平台。通知内容主要包括:课文名称、上课时间、教学流程、讨论问题、预习作业、答案简析等。特别是语文预习作业,以明确的教学语言提示学生,当下学习阶段的任务指向及任务之间的逻辑,让学生既能沉浸于学习,又能关注学习的进程。学生不再是屏幕前被动的"听众",而是学习过程的参与者和管理者。

语文学习微信群同时转发通知,让学生做到心中有数,课中能有的放矢,高效地完成网课学习内容。

4 上课

4.1 实施任务引领型教学

美国教育家杜威以实用主义的认识作为教育理论基础,提出了"学生中心,从做中学"的教育模式,他主张教育的中心应从教师和教科书转到学生,教学应引导学生在各种活动中学习。因此,学习的内容可以设计成各种任务,让学生通过完成任务进行学习。

在"任务引领型"的课堂教学模式中,体现的是"以任务为引领,以教师为主导,以学生为主体"的教学特征,在教师布置任务后,让学生独立思考,分组交流、讨论,协作完成任务,在整个教学过程中,教师只是起到引导、指导作用。教师的启发和引导不但能促成知识的迁移,又能提高学生综合运用知识的能力,更能激发学生探究问题的兴趣。

围绕教学目标,线上实施任务引领型教学。每节课要求学生完成若干个任务点,作为本节课学习要求。任务点可设置为:音频、视频、录播课、阅读读后感、课堂练习等。任务点可通过后台进度条查看,进度条颜色应由浅入深,教师能够网上掌握学生学习动态,是否在线上课,是否当堂完成,时时督促,保证教学质量。

4.2 建立语文学习微信群

利用语文学习微信群,让学生朗读词语、作者简介、每一部分中心句等,上传音频,并及时纠正读音等错误。微信群随时和学生保持联系,督促学生查阅通知、课堂交流、反馈作业情况等。如遇网络突发事件,将启动微信群上课。超星平台和语文学习微信群联动,为学生顺利完成在线学习保驾护航。

4.3 设置线上讨论环节

探究式教学是学生通过自己再发现知识形成的步骤,以获取知识并发展探究性思维的一种教学方式。教师的职责在于为学生的探究过程提供条件和帮助,担任学生学习的组织者和指导者,使学习过程更多地成为学生发现问题、提出问题、分析问题、解决问题的过程。

每篇课文备课过程中,准备 2~3 个问题,难易繁简相结合,课中鼓励学生积极应答,并在超星平台话题区留言。有时让学生抢答,有时循序渐进启发引导学生回答,让学生碰撞出思想的火花,师生互动、生生互动,思考并深刻理解文章主旨。教师还要把握好课堂任务,即若干话题推出的节奏,由近及远、由浅入深、由简到繁,前后相连,层层深入,并由数个微任务构成一串"任务链"。例如《内蒙访古》讨论三个问题:①如何理解题目"内蒙访古"?"访古"两字有何深意?②赵武灵王是英雄吗?③谈谈"和亲政策"。《过万重山漫想》讨论三个问题:①结合语境,说说文中"清谈者""酣睡者"分别是指什么人?②当第一个穿过三峡的人,用独木船,克服千难万险,成功地穿过三峡后,此时的"清谈者""酣睡者"会讲什么呢?③作者联想到远古时期人类进化史上许多的"第一个",并且高度评价他们的业绩对人类历史的作用。请你谈谈本文讴歌了怎样一种精神?特别是《鸿门宴》一课,通过讨论英雄观和刘邦、项羽二人的性格,同学们感悟到性格决定命运,不以成败论英雄。笔者还尝试古诗文话题讨论配图,生动形象直观。例如《把栏杆拍遍》,根据辛弃疾肖像图片、凭栏眺望图片,用词语或成语精准地概括他的外貌;《鸿门宴》,根据宴会图积累重要成语警句:项庄舞剑,意在沛公。

线上讨论学生参与度极高,课堂气氛热烈。回帖形式多样化,有文字、图片、音频,还有点赞。后台大数据显示:《中国画与西洋画》回帖 312 条、《古希腊的石头》回帖 300 条、《米洛的维纳斯》回帖 245 条、《肖邦故园》回帖 240 条、《把栏杆拍遍》回帖 202 条。后台大数据还显示每一位同学参与讨论的次数,其中:讨论回帖活跃同学可分别达 670 条、437 条、359 条;章节学习次数领先同学可分别达 653 次、405 次、402 次。

原来的绝对权威——教师不再是教学过程中单一主体,学生成为独立的社会个体,教师和学生共同参与探究、体验、共同解决问题,并且在讨论中交换意见,处于平等的地位。教师对学生施教的过程,实际上是学生独特的成长过程,是师生、生生、生本之间进行对话交流的过程,每个学生所学到的也是在个人经验基础上的独特感受。

5 课后

作业是教学工作的有机组成部分,是课堂教学的延伸。学生通过作业的练习有助于理解、巩固课堂上所学的知识,形成相应的技能、技巧,养成独立思考的好习惯和自觉学习的能力等。

5.1 用心布置作业

线上语文作业形式丰富而又多样,有选择题、填空题、小练笔、词语和拼音抄写后拍照上传、词语和解释朗读后音频上传。线上学习力求难度适中,小练笔一般控制在200~300字。中职易班第五单元"专题2——汉字的魅力"作业是:了解"明"字的本义是什么,引申义有哪些?并写出和"明"有关的词语5个。话题区和作业区分别上传"牛"和"明"二字的形体演变PPT,运用思维导图,了解汉字音、形、义,帮助学生掌握字形的变化。"专题4——管中窥豹话'炼字'"作业是:运用诗歌鉴赏三步法(释含义、析内容、谈效果),品读白居易《钱塘湖春行》,话题区和作业区分别配上春天的图片和古诗音频,让学生在轻松愉悦的氛围中,触景生情,赏析古诗,从而热爱中国传统文化,提高语文素养。

5.2 认真批改作业

作业可以检验课堂教学的效果,也是教学的重要环节之一。每节课结束后,网上及时公布语文作业。春季学期,2018级贯通班创建作业67份,试题数215题,其中主观题49题,客观题166题;2019级中专创建作业66份,试题数213题,其中主观题48题,客观题165题。有的同学作业很认真,笔者会给学生写一句评语,表扬并鼓励;有的同学作业不符合要求,必须打回重做,笔者也会写明原因。部分知识点和作业答案简析以附件形式上传超星平台,请同学下载并收藏,便于日后复习巩固。

6 语文线上教学存在的问题

由于信息技术不够娴熟,录播课总会留下遗憾;线上学习,学生思维广度增加了,深度还不够。特别是写作训练,不能很好开展;线上学习,学生自由度提高了,但需要自律、自觉、自主学习。极个别学生作业拖拉并存在答案复制粘贴现象。

7 结语

随着时代的变化和信息社会的高速发展,网络逐渐成为了我们生活中不可或缺的一部分。

教师通过在线教学,深切感受到大数据时代,"互联网+"背景下现代信息技术助力教学带来的便利,同时,也提高教师运用信息和整合信息的能力。除了传统的教学模式外,又增加了一种新颖的网络教学模式,它是鲜活而又灵动的,智慧课堂也激发了同学们学习的情趣。线上讨论,明显比线下讨论积极性高,参与面广。因为后台有大数据,教师可以时时督促学生利用电子产品(手机、电脑等)上网搜集资料,积极参与学习并乐在其中。

学生通过在线学习,深切感受到学习方式的灵活性和多样性。直观的图片产生视觉冲击力,让学生思维涌动。网课的录播形式,让学生时时回看,遇到重要知识点,可暂停视频,做好详细笔记。线上学习不会像传统授课方式那样,因为笔记记录得不够快而错过一个知识点,甚至影响接下来听课的连贯性。

2020年春季学期网络教学的探索与实践,也为后疫情时代,线上线下混合式教学夯实基础,新时代将努力实现语文教学与信息技术整合、融合,创设更生动、逼真的学习情境,探寻现代信息技术下语文教学新模式。

参考文献:

[1] 魏晨明,董守生.教育学原理与应用[M].上海:华东师范大学出版社,2018.

[2] 霍力岩,高宏钰.当代西方教育学理论[M].上海:华东师范大学出版社,2017.

作者简介:

李文军,汉语言文学学士,上海海事大学高等技术学院中教一级,研究方向为语言、文学和艺术。

港口机械专业课程线上授课探索

胡桂军

摘　要：2020年,由于新冠肺炎疫情的原因,学校师生无法返校采用线下教学方式上课。为贯彻上级单位对新型冠状病毒感染的肺炎疫情防疫工作的部署和要求,充分利用信息化手段,落实上海市教委"停课不停教、不停学"的具体要求,学校要求各专业自3月2日起依托"超星学习通"和"中职易班"平台,正式开展港湾校区学生线上教育教学活动。由于机电专业的诸多专业课程具有较强的企业实践性质,线下教学通常也要将课堂理论教学与实训中心和企业的实践教学结合起来,才能较好地完成专业课程教学任务。机电专业的7位任课老师在学校和网络平台的支持下,在19202学期共完成了13门专业课程的线上教学工作。因此,将以港口机械类的专业课程线上教学为案例,探索将大量的工程实践教学内容搬到电脑(手机)屏幕里,让学生真正领会和掌握;同时也为以后线下教学和线上教学一体化融合积累经验。

关键词：港口机械;网络教学;实践;探索

0　引言

2020年,由于新冠肺炎疫情的原因,学校无法返校采用线下教学方式。为贯彻上级单位对疫情防疫工作的部署和要求,充分利用信息化手段,落实上海市教委"停课不停教、不停学"的具体要求,学校要求各专业自3月2日起依托"超星学习通"和"中职易班"平台,正式开展港湾学校学生线上教育教学活动。

（1）线下教学模式。由于港口机械专业的特殊性,专业课程线下的教学一般包括如下三个环节：①课堂理论教学。这是传统的教学模式,老师通过PPT和板书等方式在教室给学生讲解专业课程的理论内容,部分课程老师会在课堂准备一些真实的零部件或模型,帮助学生理解理论知识。②实训中心实训。在理论教学基础上,有些课程可以到学校的实训中心进行实训,例如:"港口起重与输送机械"操作部分,可以到实训中心的桥吊模拟器上进行实操;"港口装卸搬运机械"课程可以到实训中心的内燃机、底盘实训室进行实际设备的拆装练习;"单片机基础"在实训中心有专门的实训室让学生进行练习。③企业实践。由于机电专业的专业课程较多,线下教学模式也有较大的区别。根据本专业的人才培养方案,学生毕业后到港口物流企业的比例较大。为此,我们与上海港务集团及上海振华重工密切合作,在"港口起重与输送机械""港口装卸搬运机械"等专业课程的教学中设置了企业实践环节,即在完成了课堂理论教学和实训中心实训两个教学环节之后,让学生到上海港务集团和上海振华重工去感受课程内容在企业的真实应用场景。这样做的好处在于,将来学生到港口企业工作时,可以做到零门槛、无缝连接,方便学生就业。

(2)线上教学模式。相对于线下教学,纯粹的线上教学对于学校来说也是一种不得已的权宜之计。对于机电专业的大部分专业课程来说,线上教学的实施比较困难,主要表现在如下几个方面:①盲人摸象。传统的课堂教学模式,老师可以跟学生面对面交流,这样老师能够直接感受到学生的学习效果;而线上教学的课堂上,老师和学生都是在虚拟的空间里进行交流,老师无法准确掌握学生对课堂内容理解情况,不利于因材施教。②手足无措。由于机电专业师资力量薄弱,外聘老师占比较高,加上部分老师年龄偏大、信息化水平不高,对线上授课有畏惧感,给线上授课带来很多意想不到的障碍。③心里没底。由于线上授课接踵而至的是线上考试,可能到学期结束的时候,老师对于学生对课堂内容掌握的真实情况还是无法了解,造成老师对于考卷的难易程度不易把握。

对于职业教育来说,重要的是如何基于企业实际工作场景,完善学生职业素养养成的模式,在特殊时期上好网络课。因此,机电专业的7位任课老师在学校和网络平台的支持下,在19202学期共完成了13门专业课程的线上教学工作,积累了一些线上授课经验。

1 围绕职业能力需求设计网络课程

1.1 网上虚拟校企合作的模式

学校对于企业高素质、技能型人才的职业能力需求往往是在与企业进行合作过程中逐步了解的,而"校企合作"是我国各类教育机构一个永恒的话题,也衍生出学校与企业种类繁多的"联姻"模式。由于机电专业一直与上海港务集团、上海振华重工有着密切的校企合作关系,多年来的线下专业课程实践教学环节进展顺利。

突然而至的疫情打乱了专业课程的企业实践环节安排,也对专业实践的教学效果带来了较大的不确定性。为了减少这种不利因素对教学工作的影响,机电专业在19202学期开学前及时跟上海振华重工的特聘兼职教师团队进行沟通,请企业专家帮助提供线上实践教学的素材,他们分别从产品设计、制造、质量管理等方面提供了专业文献、视频、图片等非常宝贵的企业一手资料,使得专业课程老师可以"有米下锅"。

1.2 学好用好网络教学平台

本次线上专业课程的授课主要采用超星平台,老师重点从以下几个方面学习线上授课的技巧,以"港口起重与输送机械"课程为例。

1.2.1 速课、录屏

主要是PPT(课件)+音频,复制老师上课的状态,速课用学习通手机录制,录屏需要电脑录制,大多数老师采用该方法进行授课。视频录制示例如图1所示。

图1 教学视频录制

1.2.2 网课(即目前的平台建课)

由于部分课程可以采用超星提供的示范包进行建课,老师可以利用平台提供的资料进行建课,大大提高了备课的效率。老师还可以通过超星平台布置作业、组织测试、成绩统计等,实现了过去在线下教学所不能实现的一些教学方法,学生也比较方便复习,学生成绩记录见图2。

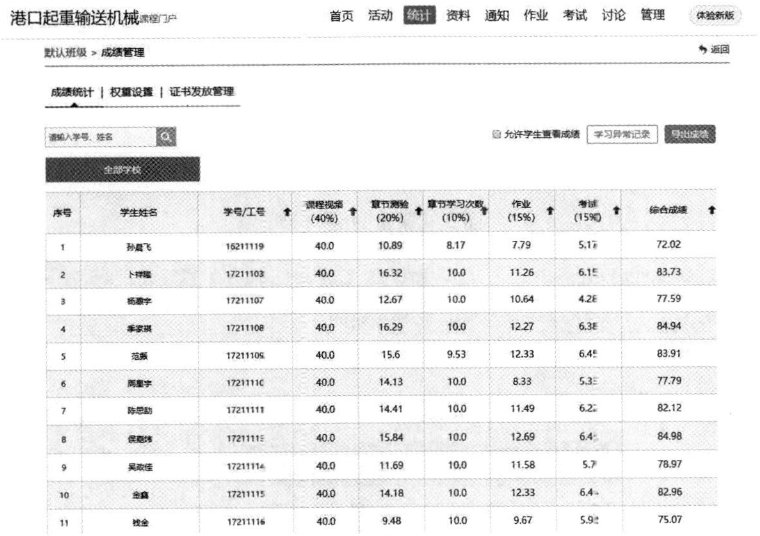

图 2　学生成绩记录

1.2.3 即时通信软件辅助

由于全国的各类学校都在上网课,一度造成学习平台拥堵,网速很慢。机电专业在征得学校教务部门同意后,每位任课老师都加入所带班级的微信群里,有问题及时与学生或班主任进行沟通,收到了良好的教学效果。课堂讨论环节如图 3 所示。

1.2.4 动态观察任务点完成情况

线上授课最令人头疼的是学生和老师"隔线相望",有点"雾里看花",老师无法直接地看到学生是否"真"在学习。教学平台提供的任务点动态情况显示给了老师很大帮助。老师可以通过平台看到每一位同学的学习情况,避免了部分不肯学习的学生浑水摸鱼。教学任务点动态如图 4 所示。

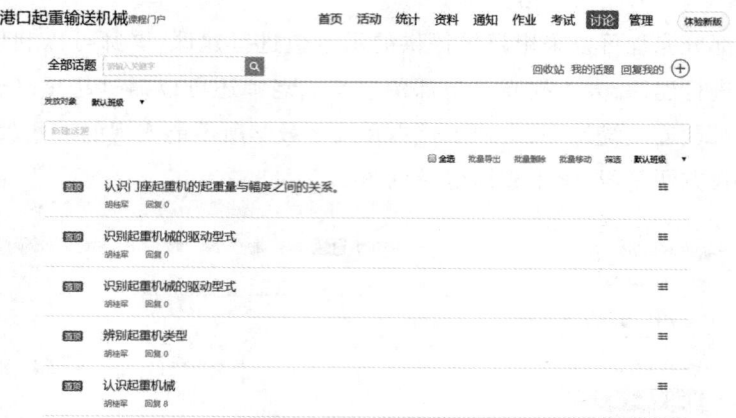

图 3　课堂讨论环节

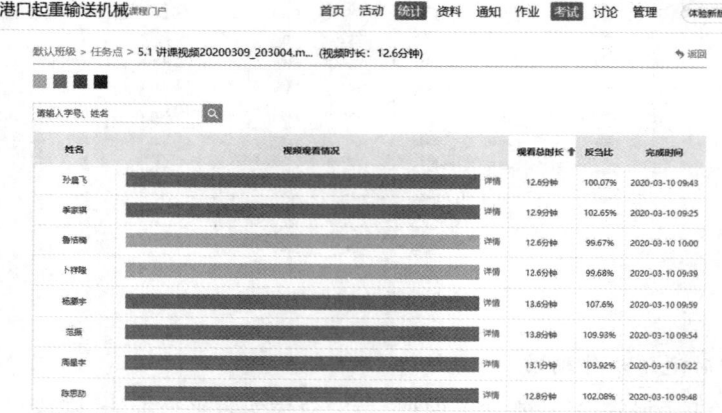

图 4　教学任务点动态

2　线上教学质量控制要点

2.1　提高教学质量源自对学生的爱心

学校第一次采取如此大规模的线上授课方式,老师和学生都是在一个虚拟的空间里进行交流,相互看不到彼此。因此,教学质量的好坏的确让人非常担忧。怀着对学生的一片爱心,老师们想出了各种"高招",旨在让学生不要荒废青春时光,浪费时间。

2.1.1 认真做好课前、课中和课后管理

（1）课前及时告知学生授课内容，方便预习，课前提示内容见图5。

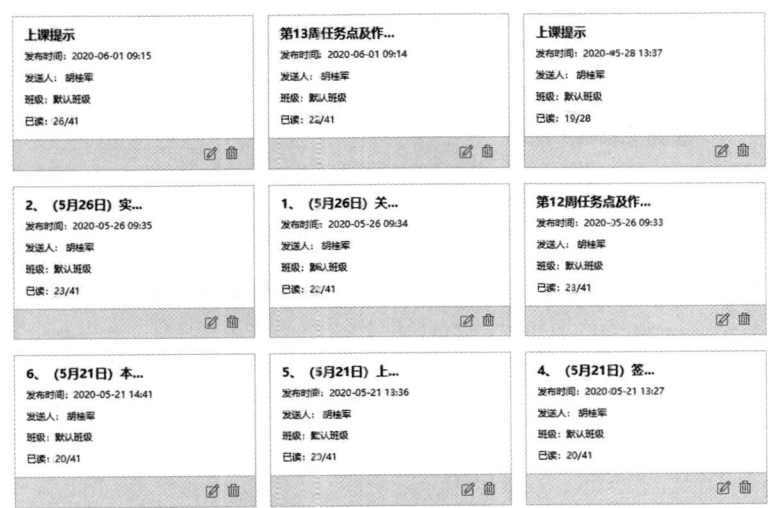

图5 课前提示内容

老师在上一堂课结束前，会给学生预告下次课的主要内容，提示学生进行预习。本次课前45分钟左右，老师会把课堂主要内容发给学生，让学生上课时有心理准备。

（2）课中及时提问或进行课堂练习，把学生"拴"在课堂内。由于老师授课时无法看到学生，这给一些不肯学习的学生提供了非常宽松的自由空间。老师为了及时了解学生的学习动态，通过超星平台和微信群对学生进行提问或进行课堂讨论，课堂讨论内容截图见图6，让学生全身心投入到课堂学习中。此外，针对有些课程内容需要进行课堂练习，老师还可以根据平台提供的监控功能，掌握学生做练习的动态。

（3）通过课后作业及小测验，检查学生学习效果。线上教学效果如何，老师可以通过课后作业及小测验等方式进行摸底、检查。由于学生的作业提交是通过线上进行的，个别同学很方便云抄袭别人的作业。老师采用的方法就是：看学生提交作业的时间、提交作业的内容是否雷同、下次课对作业内容进行随机提问等方式，堵住学生抄袭作业的漏洞。学生课后测验情况见图7。

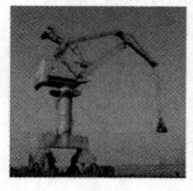

认识门座起重机的起重量与幅度之间的关系。

图片上是一个港口用的门座起重机图片，同学们思考一下，它的起重量与幅度之间有什么关系？

赞0　　回复

图 6　课堂讨论内容截图

港口起重输送机械课程门户　　首页　活动　统计　资料　通知　作业　考试　讨论　管理　体验新版

默认班级 > 章节测验　　返回

共有 42 份章节测验

章节测验标题	所属章节	已交人数	待批阅人数	操作	
6.5 轮胎式集装箱门式起重机-课堂练习	6.5 轮胎式集装箱门式起重机	27/27	0	查看	统计
6.4 岸边集装箱起重机-课堂练习	6.4 岸边集装箱起重机	27/27	0	查看	统计
6.3 集装箱专用吊具-课堂练习	6.3 集装箱专用吊具	27/27	0	查看	统计
6.2 认识集装箱机械-课堂练习	6.2 认识集装箱机械	27/27	0	查看	统计
6.1 认识集装箱-课堂练习	6.1 认识集装箱	27/27	0	查看	统计
5.2 门座起重机的工作机构-课堂练习	5.2 门座起重机的工作机构	27/27	0	查看	统计
5.1 门座起重机的构造特征-课堂练习	5.1 门座起重机的构造特征	27/27	0	查看	统计
4.2 轮胎起重机的工作机构-课堂练习	4.2 轮胎起重机的工作机构	27/27	0	查看	统计
4.1 轮胎起重机的构造特征-课堂练习	4.1 轮胎起重机的构造特征	27/27	0	查看	统计
3.2 桥式起重机的工作机构-课堂练习	3.2 桥式起重机的工作机构	27/27	0	查看	统计
3.1 桥式起重机的构造特征-课堂练习	3.1 桥式起重机的构造特征	27/27	0	查看	统计

图 7　学生课后测验情况

2.1.2　让学生“真”做作业

（1）要求学生将作业写在本子上，拍照上传，避免抄袭，学生作业示例见图 8。

（2）布置的作业与视频或上课内容紧密结合，课后作业示例见图 9。

（3）在作业设置时选择不允许复制粘贴。

2.1.3　“盯”学生完成作业方面

（1）人盯人策略。比如，任课教师盯学生和班主任，班主任通过家长再盯学生。

（2）积极发挥课代表或班干部作用，督促作业未完成的同学及时完成。

（3）为学生完成任务点设定时间期限。比如，规定任务点完成不能过夜。

（4）在班级群聊中晒作业完成情况。

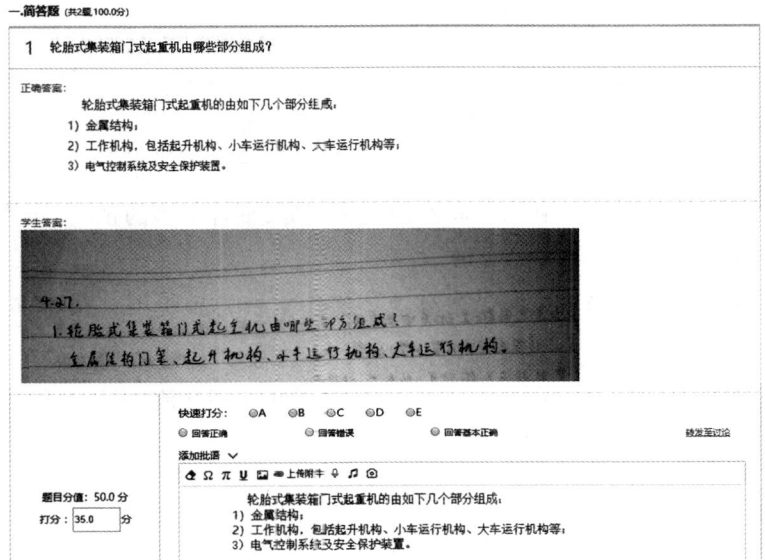

图 8 学生作业示例

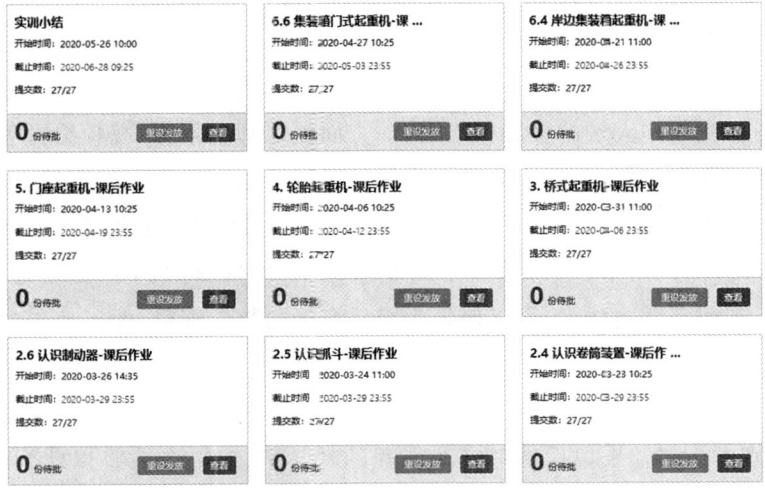

图 9 课后作业示例

2.1.4 检验学生学习成果方面

(1) 通过作业完成情况进行检验。

(2) 定时检验法。

2.2 从要学生学习转向我要学习

网上授课有点"隔靴搔痒",较多地依赖学生的自觉性。由于机电专业专业课大多为理论＋实验模式,线下授课可以通过真实的实验教学提高学生的积极性。为此,本专业的老师动足了脑筋,弥补不足,提高学生的学习动力。

(1) 丰富课堂内容。利用互联网的技术优势,整合更多的视频、课件等教学资源传给学生。

(2) 更多案例教学。吸取大学慕课等优秀案例为我所用,让学生可以得到更多知识。

(3) 改进教学方法。通过教研活动,老师之间互相交流,可以更好地改进教学方法。

3 结语

虽然一个学期的线上教学是客观原因促成的,对学校、老师和学生来说实属无奈,但通过这种全新的教学方式,老师也从另外一个角度在利用互联网和现代信息技术辅助教学等方面取得了很多宝贵经验。

(1) 老师的信息化教学水平有了较大进步。老师在线上授课的建课过程中,需要收集、制作大量的多媒体素材,一方面使老师对录课、视频编辑等技术有了一定的了解和掌握,另一方面对于后续线下授课也有着较大的帮助。

(2) 运用网络教学平台,对于学生日常复习、做作业、自我测试等都是比较便捷的。因此,网络平台作为线下授课的辅助工具对提高教学质量是有帮助的。

(3) 利用互联网技术,可以使师生获得海量的教学资料,便于教与学的进一步拓展。

综上所述,新冠肺炎疫情使得我们上了一个学期的网课,也使师生有了一个难忘、特别的记忆。在以后港口专业课程的教学中,机电专业将以此为契机,更好地学习和应用互联网技术辅助教学,聚焦对学生职业发展与核心素养培养,上好每一堂课,确保每一位学生的职业特点都能得到最大限度的发展,增强其应对未来企业工作压力的能力。这对于我们这样一个迈向国际化、开放型大国的职业教育来说,意义重大。

参考文献：

[1] 胡桂军,朱钢.上海市职业教育国际水平机电设备安装与维修专业教学标准[M].上海：华东师范大学出版社,2016.

[2] 谭移民.开放·融合·引领——上海市中等职业教育专业教学标准开放与实施的探索[J].江苏教育,2017(3)：20-23.

[3] 胡桂军.安全生产的职业素养养成[M].上海：华东师范大学出版社,2014.

[4] 胡桂军.上好现代职教课的"三要素"——以上海市职业教育国际水平专业教学标准实施为例[J].江苏教育,2019(4)：18-20.

[5] 徐国庆.如何评价课堂教学[J].职教论坛,2015(21)：1.

[6] 李晓雪.现代信息技术在高职院校教学中的应用研究[J].中国管理信息化,2018(20)：157-158.

作者简介：

胡桂军,上海海事大学港湾校区机电系主任,高级工程师,主要研究方向为智能港口机械研究与教学。

浅析集装箱船舶的整体配积载

盛 斌

摘 要：浅析集装箱船舶的整体配载从集装箱装卸前的准备工作、集装箱配载原则、集装箱货损货差产生原因及集装箱货物管理等方面阐述集装箱的配载方法及运输注意事项。帮助集装箱船配载作业人员掌握集装箱配积载的方法和技巧，合理安排装卸货物，减少船舶在港时间，减少货差、货损；同时指导船上人员在运输途中合理照管货物，提高集装箱货运质量，为船舶更好地对货主服务提供技术保障，进而保障船舶运输安全。

关键词：集装箱船舶；配积载和管理；稳性；航行安全

0 引言

随着船舶运输专业化的发展，集装箱船舶以集装箱装卸效率高、船舶周转快、便于多式联运、节省包装费用、理货手续简单、运输成本低廉等优点受到货主的普遍青睐。集装箱船舶也向着大型化发展，目前最大的"HMM Algeciras"号集装箱船，船舶长度为 400 m，其运输能力已经达到 24 000 TEU（标准箱）。在这种新形势下，如何合理积载，最大程度地利用船舶舱容，减少空舱率是当前提高单船运输效益的主要途径之一，也是船舶配载人员日常工作的方向。船舶运输管理人员应该从装箱前准备工作、预配图的编制、货物运输管理、货损货差原因等方面着手保障货物运输质量。

1 保证货运质量，船方做好集装箱装船准备工作

在装集装箱前船方要认真检查全船，保障船舶适货和适航。检查项目可结合日常记录，以检查清单形式开展，避免漏项。装前船舶检查项目包括但不仅限

于下面内容：

检查集装箱系固设备是否处于良好状态，按月清点系固设备数量，不足的及时申请补充，损坏的予以自修或送岸修理。对于船舶固定系固设备，如底座等要根据挂靠港口顺序合理安排配载货物，及时安排航修。

检查货舱的箱格导轨、舱盖等有无变形损坏，一般每3个月要检查货舱导轨和舱盖，包括舱盖锁紧装置，确保货舱水密及开关自如。

检查污水排放系统、通风系统、照明系统是否正常，经常检查清理污水井，保障排水顺畅，定期试验污水井报警和通风系统，保证货舱通风正常，作业前检查安全设施是否到位，船前到港前尽量排空污水，避免在港期间排污。

检查全船压载水系统是否处于随时可用状态。勤测压载舱水位，保持船舶正常浮态，注意一些老旧船舶压载舱可能锈蚀串水，防止压载水流入货舱，避免造成货损。

检查冷藏箱电源是否安全、正常。日常未积载冷藏箱时要注意电源基座防水，平时要拧紧保护盖，最好用防水材料予以保护，以防止甲板上浪损坏插座。

调整船舶纵倾状态，避免过大艉倾。注意集装箱装卸过程中出现过大艉倾时会影响装卸速度，甚至造成导轨等的损坏。货物主管人员应该有预见性地安排压舱水，到港前尽量少带压舱水，必须调压舱水时尽量利用船舶内部循环来调整船舶状态。

2 集装箱船预配图编制基本原则及注意事项

2.1 尽量多装货物，最大限度地利用船舶的净载重量和箱容量

尽可能与揽货机构协调争取轻重货物搭配，力求达到满载满舱，提高运输效率。船方要考虑航线上各挂靠港口有无吃水和高度限制，注意避免超载。

2.2 根据船舶结构特点和货物特性，合理确定各类集装箱的积载位置

2.2.1 普通集装箱的箱位选择原则

（1）纵向箱位选配：船舶配载后应具有合适的总纵强度和吃水差，且满足国际海事组织关于船首盲区不大于2倍船长的要求。此外，还要考虑快速装卸的要求，尽量采取同一卸货港货物位于不同独立纵向位置，集装箱船舶中瘦长船型对纵向强度产生负面影响，集装箱船舶多处于中拱状态，配载时尽量将重货优

先配置于船舶中拱变形最大处。据报道,高船三井"MOL Comfort"号集装箱船2011年6月17日在也门外海附近发生事故,恶劣天气使船舶从中间断成两截,致使该船很快沉没。分析事故原因,集装箱在纵向装载不均匀导致船舶在大风浪天气条件下中拱变形,船体断裂导致船伯快速沉没。

（2）横向箱位选配：配载后应保证船舶没有横倾及船体扭转强度在允许范围内。配载时船舶横向重量尽量对称分布,完货后如存在轻微横倾可用平衡柜压载水调整。不同卸货港集装箱在横向上积载要注意左右均衡,防止扭转强度超出允许范围。此外,现在大型集装箱船舶横向舱盖由2~4块组成,注意舱盖形式对于集装箱积载的特殊要求,避免压箱产生倒舱。

（3）垂向箱位选配：集装箱的垂向配置主要考虑装卸后的船舶具有适宜稳性,甲板装箱数应与舱内装箱数保持一定的比例。集装箱堆积层数应考虑甲板及舱盖局部强度的限制,应保证船舶驾驶视线的良好。对于艉机型船舶,应尽量减少前部甲板上的堆积层数。集装箱垂向配载时尽量下面装重的、新的、强度高的集装箱,上面配轻的集装箱,舱内配旧的和结构弱的集装箱,尤其是当不得不在甲板上装载重箱时一定要配于低层处。

（4）20英尺箱和40英尺箱的位置选择和混装,适当考虑系固设备的数量是否满足要求。在40英尺箱上面不能装配20英尺箱,以避免40英尺箱受压损坏。在两个20英尺箱上面是否能装载一个40英尺箱,需根据船舶舱内箱格导轨结构及箱脚底座位置而定。此外,尽量将20英尺箱装载于舱内,40英尺箱装载于甲板上,以减少系固设备使用量。

2.2.2 特殊箱的箱位选择原则

特殊箱通常包括：危险品箱、冷藏箱、通风箱、超长箱、超宽箱、超高箱、超重箱、框架类等集装箱。

（1）危险品箱装载要求：装载前检查有无危险品适装证书,严格按照国际危规的要求积载。危险品箱应该远离船员生活及经常工作区域,与热源、火源等能险物保持足够安全距离。满足舱面积载条件的应积载于甲板适当的位置,满足特殊情况下抛货要求。

装有海洋污染物的集装箱应尽可能选配于舱内,若仅限于舱面积载,应选配于甲板上面防护或遮蔽条件较好的处所,绝不能装在最外档。

（2）冷藏集装箱的积载要求：冷藏箱尽量积载于遮蔽条件良好靠近船员住

舱的位置,以便于查看温度。冷藏箱装载时最好装于甲板最下面而且不超过两层,每排装载数目可少于最大装载数量,以备电源插座损坏时更换插电位置。

(3) 超大、超宽、超高集装箱积载要求:对于超长、超高集装箱的积载要特别注意,45英尺箱尽量装载在专用位置上,或安排装载在甲板最上层40英尺箱顶部。

对于超高集装箱的位置选择尽量均匀分布于各排位置上,避免影响瞭望。如果装于舱内要注意舱内高箱的积载层数限制,防止舱盖不能盖上。

对于超宽集装箱的位置选择尽可能安排在舱内最上面,以减少亏舱,如装于甲板要尽量积载于船舶首尾中心线接近船中附近处。

2.3 尽量满足挂靠港口集装箱装卸顺序和快速装卸的要求

2.3.1 避免或尽量减少中途港的倒箱数量

各挂靠港应视具体情况确定积载模式,按照先配后到港货物,后配先到港货物的顺序安排装载。可将各停靠港集装箱配装于间隔开的40英尺箱位处;也可将先到港货箱配于甲板上,后到港货物配于舱内;先到港货箱配于上面,后到港货箱配于下面。在某一货舱内或某一40英尺箱位置处,根据舱盖形式横向分别配装不同目的港的货箱。中途港加载集装箱时,不应妨碍其后卸港的货物装卸,最好在任何卸货港均有全部卸空的位置以保证在中间港能够装卸任何目的港货物。因此,配载时应该纵观所有挂靠港货物特点,结合船舶结构整体性地、科学地、预见性地安排货物。

2.3.2 避免同一目的港的集装箱过分集中在某一处

某港货物较多时,集装箱可安排在不同的纵向位置,以便于桥吊作业。若同一卸港的集装箱数量超过一个舱的容量,最好间隔一个货舱(或至少一个40英尺箱)配置,使多台桥吊能够同时作业。若为相同卸货港,应尽量集中在某一个独立货物空间内,防止错卸。相同类型尺寸的集装箱尽量集中装卸,以提高船舶装卸效率,减少船舶在港停留时间。

总之,集装箱位置的选择应该遵循先特殊货物后一般货物,先配末港后配初港,先大票后零担,先舱内后甲板的顺序安排配载。配载完成后保证船舶稳性、纵向强度、吃水差、局部强度符合要求,无倒舱,特殊货积载满足要求,船首盲区在合理范围内。

3 集装箱在装卸过程中的注意事项

在集装箱装卸过程中船舶值班人员要监督货物装卸，保障装卸过程中船舶和货物的安全。出现货损货差时及时做好记录，最好拍照留证，按照程序报告主管人员，及时向责任方提出索赔等。

值班人员保持与港方联系，平衡作业进度，确保装载过程中的足够的船舶稳性和强度。

均衡前后、左右舷作业进度，始终保持船舶正浮状态，船前纵倾、横倾角在作业过程中应不大于3°，现在集装箱船大多设置了专用平衡柜用于调整由于装卸不均衡引起的船舶横倾，但有时在单侧多头作业时可能引起船舶过度横倾，此时值班人员应该联系港方协调作业纠正船舶横倾。

监督工人按积载计划进行装载及正确操作，有疑问时及时与理货和工头沟通解决，值班驾驶员无法解决的情况要报告大副并做好记录。

仔细检查集装箱箱门的铅封标志，注意集装箱箱体的外表状况是否良好，出现残损箱应及时记录并要求作业人员签字确认；检查危险品箱的外表状况及其标志是否完好，如果缺失马上通知港方予以补贴；监督冷藏集装箱正确装船并及时供电，做好记录。冷藏箱制冷机组一端应朝船尾方向，防止运输途中甲板上浪损坏发动机。装货时值班驾驶员现场监督，装载后及时通知机舱供电，记录当时温度，运输途中每班至少查抄温度一次，自动记录纸用完时及时更换。

开关舱盖时务必检查加固件有无障碍，避免损坏船舶结构或加固件。作业完毕后，及时督促码头装卸工人做好集装箱的系固工作。注意加固件箱是否收回，记载装载位置。

4 集装箱运输过程中产生货运事故的原因及预防措施

集装箱的货运事故主要是由于积载位置不当、加固不牢及装卸人员人为疏忽造成的，集装箱装船后直至货物交付期间船方应保证货物的安全，悉心照管货物。

箱内货物本身或其包装存在缺陷，集装箱不适货或货箱本身存在缺陷，箱内货物装载或系固方法不当，出现这种情况可做好记录并与代理或公司联系处理，必要时可以提出退换货物，严重的不适载货物可以拒载。

装卸操作不当或疏忽大意造成货物损坏。值班人员需加强监督,遇有码头工人违章操作的应及时制止,及时通报相关责任方人员予以纠正。

集装箱在船上箱位选配不当引起的货损,需要提高配载人员配载水平,采取一定的监督程序,加强管理。虽然大副是配载主管,但船长也需要监督检查把好关,确保船舶以最佳状态出港。

货箱绑扎不牢,遇有恶劣天气时造成的货损。由于船舶的左右摇摆会使集装箱系固松动,因此在天气条件好的情况下定期安排人员加固。船舶遭遇大风浪时应该适当减速,改变与风浪斜航状态,减轻风浪对集装箱的冲击。

总之,要保证集装箱运输的货运质量,在装货前、中、后都要做好各项工作,各方作业人员均需具有高度责任心,严格按照程序操作。相关作业人员应不断总结经验,认真负责地做好每一个环节才有可能顺利完成货物装卸交接,保证集装箱船舶安全快速、高效营运。

参考文献:

[1] 方明树.论集装箱的配载和管理[J].天津航海,2010(3):13-15.
[2] 曲田.集装箱船能配载优化问题研究[D].大连:大连海事大学,2011.

作者简介:

盛斌,学士学位,上海海事大学港湾校区实验教师,研究方向为港口管理。

信息技术运用

基于蓝墨云班课的混合式教学模式

——以"仓储管理实务"课程为例

和彦敏

摘　要：混合式教学模式具有强大的平台功能、丰富的线上资源、多种学习方式以及线上线下学习过程融合的教学特点，不仅改变教师传统的教学方式和对学生的评价方式、师生互动方式，还有助于激发学生的学习兴趣，为实现探究式、合作式课堂提供很好的途径。以中职课程为例，以蓝墨云班课教学平台为基础探索混合式教学模式在职业教学中的开展过程。

关键词：混合式教学模式；蓝墨云班课；职业教育

1 混合式教学模式的概述

混合式教学模式（Blending Learning）是以现代化的信息技术为依托，通过网络共享平台，将传统的课堂教学与网络辅助教学相结合，充分利用线上线下教学模式的融合打造新的移动式教学模式。混合式教学结合了传统教学和网络教学的双重优势，借助信息化手段获得更加丰富的教学资料，让学生的学习突破了时间和空间的限制。这种方式不仅促进师生之间的交流，同时也能够推动学生的个性化学习，提高学生的学习兴趣，进而增强教学效果。

2 混合式教学模式的特点

混合式教学模式作为近年来发展形成的一种新型的教学模式，得到很多学者的关注和研究，并在很多院校开展，通过总结混合式教学模式的具体应用，发现其有以下特点。

2.1 强大的平台功能

要开展混合式教学，必须依托基于信息技术和互联网技术搭建起课程教学平台。目前，大多数院校使用的混合式教学平台能将平台资源的呈现功能与使用反馈功能有机结合起来，集成在线网上教学、师生互动、网上答疑和教学管理等功能。其不仅能提供多样化、结构化、层次化、系统化的教学资源，也可对学习者利用资源学习的过程和行为进行数据化统计和监控，比如可对学生的上线学习次数、时长，作业、测试的完成情况和质量，对学生提出问题和参与问题讨论等情况进行及时的统计和反馈；同时还可进行师生在线答疑互动讨论、实现深度学习。混合式教学平台拓展了教与学的时间和空间，有效避免了以往教学资源"建而不用、用而无查（无法检查）、用而无果（无法知道效果）"的弊端，而丰富的混合式教学平台教学资源、智能化的学习行为管理及准确的大数据分析，可有效保证混合教学顺利展开，提高教学资源的使用效率和教学效率。

2.2 丰富的线上资源

混合式教学线上资源根据其内容特点，可以分为任务性资源、知识性资源、指导性资源、检测性资源、拓展性资源、生成性资源等类型；根据形态特点，可以分为静态性资源（包括文档、PPT、图表等）、动态性资源（包括视频、动画等）等类型。线上资源的丰富性满足学生多方面的学习需求，同时也辅助教师对学生学习过程的监控和学习效果的评价。

2.3 多种学习方式

开展混合式教学的目的之一就是要充分发挥学生作为学习主体的主动性、能动性和创造性作用。因此，混合式教学模式要求学生在学习的方式上要摒弃以往那种在统一安排的时间和地点内，只能由教师讲、学生听的学生被动接受知识的单一学习方式。混合式教学模式要求学生线上学习与线下学习相混合、自主学习与集中学习相结合、个人学习与小组学习相组合、网络学习与课堂教学相融合、理论学习与动手实践相配合、学生自学与教师指导相组合，学生在学习时间和学习地点的选择上具有更大的自主性和灵活性，这有助于实现最佳的学习效果。

2.4 线上线下相结合的教学过程

混合式教学从外在表现形态上看，似乎是采用"线上"和"线下"两种途径、两个场所开展教学，但是，其"线上"教学不是整个教学活动的辅助或是简单的预习,而是教学的必备活动和基础性环节,也是整个教学过程的重要组成部分;而"线下"教学也不是对传统课堂教学活动的照搬照套,而是基于前期"线上"学习结果而开展的有针对性的、更加深入的教学活动,是两者有机的结合。混合式教学要求充分发挥"线上"和"线下"两种教学方式的优势进行有机混合来改造传统教学,解决在课堂教学过程中过度使用讲授方式而导致学生学习主动性和积极性不高、认知参与度不足、不同学生的学习结果差异过大等问题和不足。

3 基于蓝墨云班课教学平台的混合式教学案例介绍

在对混合式教学模式的概述和特点分析的基础上,依托蓝墨云班课教学平台,以"仓储管理实务"的课程教学为例介绍如何开展混合式教学。

3.1 对蓝墨云班课教学平台的介绍

蓝墨云班课移动教学平台(蓝墨云班课 App)是基于人工智能、云技术、大数据和移动互联技术,由北京智启蓝墨信息技术有限公司研发,服务于"互联网+教育"推动教学模式变革的智能云教学平台。该平台操作简单,能够在任何移动设备以及 PC 上免费使用,帮助教师轻松管理学生和开展教学工作。

通过平台,教师可以在任何普通教室的课堂现场或课外时间,随时开展投票问卷、头脑风暴、作品分享、计时答题、线上答疑等互动教学活动。即刻反馈、即刻点评,教师能够及时掌握学生的学习情况,并给予一对一的评价和反馈。

该系统能够对每位学生进行学习进度跟踪和学习成效评价,学期结束教师可以得到每位学生的学习评估报告。此外,教师在平台上发布的题目,学生通过手机提交答案,能够很快完成测评,并将结果反馈给教师和学生,以便教师快速地掌握学生的知识掌握情况,从而作出有针对性的内容调整。

3.2 教学对象和教学目标、教学内容分析

在混合式教学模式设计前,对教学对象和教学内容及教学目标的分析,能够更好地向学生推送适合学生自主学习和课堂教学的学习资源,以及设计更合理的教学组织形式。

3.2.1 教学对象分析

本次授课的学生为 162 031 班学生,共 7 个人,有的学生学习基础薄弱,学习的积极性、主动性不够,有的学生喜欢获取课外知识,兴趣爱好比较广泛。成长

在信息技术迅速发展的时代,整体学生有较高的信息素养和较强的计算机操作能力。这为采用基于蓝墨云班课的混合式教学,以满足学生通过现代信息技术随时、随地自主学习提供支撑。

3.2.2 教学目标与内容

教学目标是教学模式的核心要素。"仓储管理实务"作为一门实践性较强的专业课程,主要介绍仓库的分类、布局、仓库基础设施和出入库作业操作以及对不同类型货物的管理。通过课程的学习,学生得以具备基础的仓库管理员素质和仓储业务操作能力,增强学生对现代化仓储技术和管理方法的认知。因此,需要更多能够体现现代化仓库的布局、设备以及操作的介绍,提高学生的感性认识,进而增加对仓储业务知识的理性认知,而传统的书本知识介绍以及有限的课堂时间,无法满足教学目标的要求。

3.3 基于"仓储管理实务"课程混合式教学模式应用举例

基于混合式教学模式的中职"仓储管理实务"按照"问题—思考—发表观点,讨论—总结讲解"这个模式来展开设计和教学。首先是线上学习,教师通过蓝墨云班课平台给学生布置学习任务,让学生带着学习任务在网上观看"仓储管理实务"课程资料,学生通过蓝墨云班课的答疑讨论,与教师和其他学生进行互动和交流,讨论自己独立学习过程中遇到的疑问和收获,教师在线对学生的讨论进行适当的指导和点拨。其次是面对面学习,教师讲解"仓储管理实务"的重难点,并在课堂上对之前学生在线上学习中遇到的问题进行答疑解惑。线上线下学习的结合,可以最大限度地优化"仓储管理实务"教学的效果。现以中职"仓储管理实务"课程中库存管理为例,具体介绍2课时的教学内容实施。

3.3.1 课前准备

库存管理这一子任务主要介绍库存的定义、库存的作用以及库存管理的方法。库存管理在整个"仓储管理实务"课程中具有重要的地位,对物流企业来说,也是重要的经营管理业务,因此需要学生能够熟练掌握相关知识,但结合中职学生的学习特点,复杂的库存管理模型学习不现实也不可行,而简单的理论知识介绍也无法引起学生对库存管理重要性的认知。因此,教师根据教学内容,搜集整理符合学生需求、教学需要的企业库存管理视频、PPT课件、测试题及课前引导问题等发布在蓝墨云班课平台,供学生课前自主学习和测评,同时根据教学目标和内容设计,布置任务要求学生搜集不同类型企业的库存管理模式。

3.3.2 线上和线下教学过程的开展

(1)线上学习。通过蓝墨云班课,教师发出本次课程学习的通知,要求学生在一定时间节点之前完成自主学习。教师在设置学习任务时给予一定的经验值,当学生完成任务学习后,就能够看到学生的学习经验值是否有增加,针对没有完成学习的学生,教师可以再次发送消息通知。此外,教师还布置一份作业,即搜集不同类型企业的库存管理案例,学生整理好,可以通过蓝墨云班课进行上传,一方面使学生在学习库存管理的理论知识和企业案例后,对库存管理的知识有一定初步的感性认识,另一方面通过完成作业,又可以获取更多的企业案例。每个学生的作业分享,教师和其他学生都能在平台中看到,进一步丰富教学资源,拓展学生的认知范围。

(2)线下教学。在课堂教学中,教师再次复习库存管理课中的重要知识点,比如库存管理中的 ABC 分类法是如何计算 A 类、B 类、C 类物质以及如何进行分类管理。此外,结合学生的学习态度和学习效果以及学习过程中遇到的问题进行分析和解答,比如有的学生并没有很认真地去看,有的学生理解得不清楚,做题出错太多等,这些都需要师生进行面对面的沟通。

3.3.3 课后工作

教师在课后及时对学生提交的作业进行在线审查和批改,对学生学习成果进行交流展示,学生在课外修改错误,再次提交给教师批改,并按照线上课程学习、讨论(30%)、课堂学习和讨论(40%)及课后作业(30%)的评价方式对学生的学习动态作出评估,合成每位学生本次教学任务的成绩。同时,教师还需总结本次课程混合式教学模式开展是否成功,教学内容的表达形式是否合适,哪些学生能够很好完成学习任务,哪些学生的学习效果不理想,如何进行改进等。通过不断的总结和反思,保证混合式教学模式继续成功地开展下去。

4 结语

混合式教学模式合理利用了已有的优质教育资源,融合课堂教学与网络教学,改善教学效果,提高学习效率,促进教育观念的转变。当然,混合式教学模式的实施对学校、教师和学生都提出新的要求。在混合式教学模式中,学校需要进行计算机软件和硬件的建设,配备多媒体教室和网络教学平台等;教师需要花大量的时间去收集、整理相关文本、视频、音频等各类教学资源,精心设计课程教学程序;而学生则需要适应信息化的学习环境,自主学习、主动沟通和合作、自觉完成测评。混合式教学模式只有在学校、教师和学生的共同努力和配合下才能发挥重要的作用,实现提高教学效果的目的。

参考文献:

[1] 谭永平. 混合式教学模式的基本特征及实施策略[J]. 中国职业技术教育, 2018(32): 5-9.

[2] 王萌. 混合式教学在职业教育中的实施和展望[J]. 科技创新导报, 2018(8): 200-202.

作者简介:

和彦敏,交通运输规划与管理硕士,上海海事大学高等技术学院讲师,研究方向为物流管理、航运管理。

基于 ITOS 的集装箱港口业务操作模拟实训探索

姚国梁

摘　要：在集装箱港口运营管理过程中，业务操作是非常重要的一项内容，业务操作水平的高低直接影响到港口的效益。港口企业在进行新进操作人员招聘时都非常重视人员的业务知识和基本操作技能，希望其经过简单培训后都够尽快上岗。通过运用 3D 虚拟互动仿真系统 ITOS，根据集装箱港口基本的业务知识和业务流程探索科学合理的模拟实训，让学生在学校学习期间不是面对一系列枯燥的文字和业务流程图，而是更容易上手操作的模拟实训操作，帮助其更好地熟悉集装箱港口的业务运营、认知港口设备功能和提高操作技能，为其将来在港航领域就业奠定扎实的基础。

关键词：集装箱港口；互动；虚拟仿真；实训

0　引言

全球一体化进程的加快，很大程度上促进了国际海运业的快速发展。集装箱港口在全球运输系统中发挥的作用日益凸显，不仅提高了地方区域经济发展水平，而且还极大地促进了港口所在地区的经济发展，同时也促进了国家经济发展水平，加强集装箱港口的发展已经成为我国政府和社会各界关注的焦点问题。

集装箱码头具有吞吐量大、时间快速以及信息量大的特点，其正在向高、精、尖的方向高速发展。与此同时，逐步增加的贸易量对于港口的业务操作人员的业务能力也提出了新的要求，需要不断革新技术、提高操作水平以应对到来的种种挑战。特别是自动化智慧港口的出现，更增加了原始港口作业人员的紧迫感。但是，即使将来港口都进行了升级换代，发展到了智慧港口，而货运业务流程基本保持稳定,所以港口作业人员要在提升操作效率的前提下,不断熟悉业务流程。两者相辅相成,不断提升。

上海港湾学校的专业具有极强的港航特色,毕业生大多在港航领域就业。因此,在学校阶段,我们就要加强学生港口业务操作等方面的专业素养的培养,提升我校学生在同行业中的竞争力,为学生的职业发展打下坚实的基础。

1 集装箱港口虚拟仿真系统(ITOS)概述

系统开发以上海洋山港一期码头为建模仿真蓝本,在模拟系统中,涉及的港口机械设备及办公资源包括集装箱岸边起重机、轮胎式龙门吊、集卡车、集装箱运输船舶、集装箱、道闸设备、港口远程监控系统、港口作业手持终端、单据打印机、集装箱堆场、中控大楼等。设施设备的规模以及模拟操作与现实情况保持高度一致性。

为了提高仿真的逼真性,ITOS系统采用虚拟现实(Virtual Reality,VR)技术、人工智能(Artificial Intelligence,AI)技术、多媒体技术共同构建出一个逼真的三维集装箱港口企业环境。在虚拟仿真环境中模拟港口企业的基本业务流程和基本业务计划。流程包括接单录入、泊位安排、堆场计划,人员岗位安排,进口卸船资源调度,进口提箱,出口进箱,出口装船等;业务计划包括进口卸船作业计划、出口装船作业计划,堆场作业计划,提箱作业计划,泊位计划,船期计划等。

学生通过计算机输入输出设备、VR仿真模拟器等跟虚拟世界中的实体进行信息交换,产生仿真的结果。让学生熟悉作业环境、体验岗位操作、验证设计方案、执行管理活动、仿真策略执行结果,同时避免误操作引起的人身安全隐患。系统涵盖的知识面广、实验内容丰富、实验模式多样、表现形式生动,具有很强的实验性。

2 ITOS系统特点

2.1 身临其境的真实体验感

该系统的所有业务操作及设计均来源于实际港口,并通过计算机的键盘和鼠标完成每个任务及设备的操作。操作界面友好、逼真,能够自如地从多个视角去熟悉港口、堆场、设施设备。让学生很容易置身于VR技术所实现的逼真三维虚拟环境中,完成实训任务,提高实训水平。

2.2 友好的交互性能

系统设计了符合人们自然交互习惯的互动操作模式,实现操作者与系统不同岗位角色的互动,同时也能够实现小组内部不同人员之间通过系统进行信息传递和方案交流,激发学生的学习兴趣,提高学生的动手操作能力,并培养学生的团队合作精神。

2.3 节省实训费用,提高实训效率

港口设备基本属于重型设备,包括岸桥、场桥、集卡、跨运车、正面吊等,设备操作需要遵守严格的规程。安排学生港口实习是一件不容易的事情,即使港口方同意,实习中学生也是看得多,动得少,很难训练学生的操作技能,特别对于技能培养优先的职业院校学生来说,很难达到预期实习效果。

由于港口设备都是昂贵的设备,在学校实训室不可能购置以供学生开展实训,ITOS等虚拟仿真系统能够很好地解决这一难题。能够设计多个有针对性的实训任务,来锻炼学生的操作技能,且能够做到不受工位数的限制,极大地降低了实训费用。在实训中除了软件费用、硬件折旧、电费外,基本没有其他费用,且不用担心由于操作失误导致货物损失、设备损坏等,能够让学生的操作问题充分暴露出来,不断地进行纠错,从而培养良好的科学高效的操作习惯,提升实训效率。

2.4 科学的实验评价体系和自动评分系统

ITOS系统自带评分系统,具备智能操作指导、诊断和评测,通过对用户的操作过程进行跟踪,根据评分体系对学生实训过程进行自动打分。自动评分机制能使学生规范操作过程,培养严谨的实验态度;同时自动打分和操作日志能为学生指出知识的薄弱点,使学生能有针对性地在反复的实训中提高自己的专业知识。

3 集装箱港口业务内容

3.1 装卸工艺方案

装卸工艺是货物从进港到出港所进行的全部作业,它运用装卸机械及其配套工具等物质手段,遵照规定的技术标准和规范,完成货物在不同运输方式之间换装作业的方法和程序。

（1）船⇌岸桥⇌集装箱牵引车⇌RTG⇌堆场。工艺要求：作业前应检查所有设备及工属具，应明确集装箱的类型及装载情况。作业时根据配载图及现场管理员的布置，按顺序装卸箱。装卸顺序应考虑船舶的允许倾角，超过时岸桥大车要进行位置调整。卸载作业应由陆侧向海侧逐位逐层进行；装载作业应由海侧向陆侧逐位逐层进行。紧固装置拆除与拴固，必须按卸载顺序或按区域进行。卸载拆除的紧固装置应汇集于船方指定的位置；装载完毕后，所有集装箱应拴固牢靠。吊运时，集装箱所经区域的下方不准站人。起吊集装箱时不允许在地面或下层。装两个20英尺集装箱时，装车先装前面，再装后面；卸车先卸后面，后卸前面。

（2）船⇌岸桥（门机）⇌集装箱牵引车⇌正面吊（重箱堆高机）⇌堆场。工艺要求：作业前应检查所有设备及工属具，应明确集装箱的类型及装载情况。作业时根据配载图及现场管理员的布置，按顺序装卸箱。装卸顺序应考虑船舶的允许倾角，超过时岸桥大车要进行位置调整。卸载作业应由陆侧向海侧逐位逐层进行；装载作业应由海侧向陆侧逐位逐层进行。紧固装置拆除与拴固，必须按卸载顺序或按区域进行。卸载拆除的紧固装置应汇集于船方指定的位置；装载完毕后，所有集装箱应拴固牢靠。吊运时，集装箱所经区域的下方不准站人。起吊集装箱时不允许在地面或下层箱顶拖拽。装两个20英尺集装箱时，装车先装前面，后装后面；卸车先卸后面，后卸前面。根据箱管人员安排，合理堆垛。

3.2 进口卸船流程

泊船计划由船舶代理提供进出港的5日计划；安排靠离泊计划是根据船舶抵港动态更新靠离泊计划；导入进口船图和舱单为卸船作业和校验提供作业依据；安排堆场计划是安排卸船进场箱的堆场计划，为卸船做准备；作业路开工与控制是当船舶到港时，安排吊桥，并发送卸船指令；现场卸船由桥岸司机和龙门吊司机根据堆场计划填入其实际场箱位；卸船结束根据作业船舶的进港次序，生成校验清单、生成舱单和清单文本，并确认进口航次关闭。

3.3 出口装船流程

与进口业务一样，集装箱码头要想顺利完成装船作业，必须完成如下工作：泊船计划→配载计划→堆场计划→出口重箱进场→船舶配载→作业路开工与控制→现场装船→装船结束。

其中：配载计划要确定航次挂靠港的先后顺序，为配载时不压箱和不必要的翻箱,根据分港分吨要求挑出不同的堆场箱位;堆场计划要安排出口重箱进场;出口重箱进场由道口、中控、龙门吊司机完成任务,场站校验确认;船舶配载由码头依据船公司提供的预配图至港配载。

4 实训设计

4.1 模式设计

ITOS 系统通过对港口运作情景进行可视化虚拟仿真,可以在认知实习、运作管理、经营决策等方面辅助教学。具体可以采用两种形式来使用:一为任务化模式。每次课程开始,给学生发布一个任务,逐步积累港口运作的基本知识。课程组织形式高度组织化,任务单元清晰明确,非常适合初学者,或者港口知识比较匮乏的初级学习阶段的学生,且每个课程在执行过程中,所有学生完成相同的任务,能够让学生很好地统一控制学生进程,发现教学的重点和难点。二为项目化模式。学生可以创建模拟一个真实的港口环境,并运营该港口。他们将面对不同的业务形态,需要对港口的运营做出规划设计,并面临企业运营挑战。在这一过程中学生将会对其经营的港口产生强烈责任感。该模式可以培养学生们团队协作精神。对于多数学生来说,多人互动是此模式最令人兴奋的元素,更能使学生达成运营管理方面的成就。

第二种模式是第一种模式的升级,只有经过第一种模式操作不断积累有关港口业务操作的基本知识和技能,才能够更好地去体验和尝试第二种模式。

4.2 教学步骤设计

首先让学生自学每个任务的操作方法和步骤,并通过网络查找相关资料;每个任务要持续 2~4 个课时,具体根据学生的实际操作掌握情况进行安排。在进行项目模式教学时,可以每个项目持续 6~8 个课时;每个任务都包含一份课后作业和一些填表。应要求学生认真完成。

4.3 测试与考核

为每个任务或项目设计工作表和对应的思考题;每个任务在执行过程中系统会记录下操作者的工作日志,任务结束后会根据完成时间、成本、完成程度以及作业标准化等因素,根据事先设定的因素权重进行综合打分,让学生能够及时看到自己的分数,并与教师进行交流,查找不足,改进操作。

4.4 任务举例——集装箱卸船操作

4.4.1 任务描述

上海港现接到通知,有一艘集装箱船即将进入港口,请学生进入三维虚拟仿真港口选择扮演相关工作人员角色做好接船卸船工作。本实训进行一个40英尺集装箱的卸船作业,旨在让学生了解集装箱卸船作业的基本流程。本实验以集装箱船舶停泊在1号码头等待卸船操作为开始作业点,学生进入系统后开始进行岸吊卸船、集卡运输、卸船理货、卸船落箱等分步作业,完成集装箱卸船作业。

4.4.2 教学目标

通过本任务让学生掌握卸船作业基本流程,熟悉船贝位和场箱位的排列规则,以及设施设备的操作方法。

4.4.3 课堂互动

请思考下列问题,课堂上老师将与你讨论:卸船作业的流程有哪些?

4.4.4 实验步骤与问题

(1)教师发布卸船作业任务,学生用各自账号登录系统,并接受该任务,进行操作。

(2)观察上海港集装箱场箱位,归纳总结场箱位编码规则。

(3)根据编码规则,绘出上海港场箱位3A0221的俯视图和侧视图。

(4)观察上海港集装箱船,归纳总结船箱位的编码规则,熟悉行号、层号和列号的含义。

(5)拓展与思考:杂货班轮运输中,为什么采取"仓库收/交货,集中装/卸船"?此时承运人与货方的责任如何划分?

5 结语

在分析了ITOS系统在实训教学中的优势的基础上,充分发掘其功能,对于不同层次的学生实训给出了建议,最后通过实例,对实训框架进行了设计,内容全面,能够科学合理地训练学生的自学、思考、团队精神等多方面的能力,特别能够训练学生的动手实践能力,并进一步激发学生的学习主动性和热情。相信,通过不断实践,实训设计也会不断得到优化,效果会不断提升,这也将成为以后持续的研究方向。

参考文献:

[1] 姚洁. 基于三维虚拟港口物流平台的实现[J]. 重庆工商大学学报,2015,32(2):51-54.

[2] 谌微微,马在亮. 三维互动仿真教学平台在物流实验教学中的应用[J]. 科学技术创新, 2017(2):58-59.

[3] 王平安,林庆平. 职业教育教学改革与三维互动数字化教学[J]. 中国职业技术教育,2011(26):58-59.

作者简介:

姚国梁,硕士,上海海事大学港湾校区实训教师,研究方向为港口物流。

VR 技术在智能港口理货教学中的探索与应用

周　圆,宗爱芹,沈　阳

摘　要: 近年来职业教育物流专业人才的培养有了多种形式,VR 技术的应用,为物流专业教学改革提供了新的思考和方向。加之 2020 年新冠肺炎疫情的突然暴发,VR 这种无接触的学习模式会更受青睐。本文以智能港口理货教学为例,具体阐述了将此项技术应用在智能港口理货教学中的优势以及现存的问题,从职教开展 VR 物流实践教学的角度给出了相应的对策及建议。

关键词: VR 技术;智能港口理货;码头物流;物流实践教学

0　引言

港口理货是指船方或货主根据运输合同在装运港和卸货港接收和交付货物时,委托第三方理货机构代理完成的在港口对货物进行计数、检查集装箱、货物残损情况等工作。其对承、托双方履行运输契约,船方保质保量完成运输任务,船舶和货物的运输安全都起到了重要作用。

伴随着智慧港口概念的提出,港口的快速发展倒逼着港口的人才质量不断更新升级。传统上的纯操作岗位正在慢慢消失,取而代之的是具有现代化服务思维的高素质复合型人才。此外,学校里的物流专业学生在学此项知识时,经常性地去码头实地考察也很困难,故在此基础上,设计开发了远程智能虚拟理货培训(VR)系统。其可在培训过程中,为学员提供逼真的虚拟作业环境,使学员完全沉浸其中;同时通过虚拟不同的作业场景,可使学员方便地培训各类科目或者进行针对性训练。

1 VR 技术概述

VR 技术，涉及计算机图形学、传感技术、人机交互技术、人工智能等领域，是一种利用计算机系统，通过一定的仪器设备构建逼真的三维空间的技术。使用者可以通过佩戴 VR 头盔、耳机，手持数据手柄，在视觉、触觉、听觉等方面达到与呈现画面的融合，使其产生一种身临其境的感觉。重要的是，体验过程中的使用者不仅仅是一个处于旁观地位的第三者，还能够通过数据手柄等设备对三维空间中的场景进行操作，场景中的食物也会根据使用者手部的操作从而做出相应的反应，是一种具有浸没感、构想性以及交互性较强的新技术，VR 技术的三大特性见图 1。

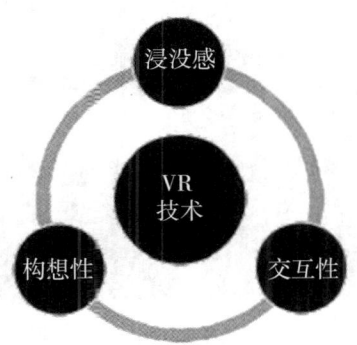

图 1　VR 技术的三大特性

2 智慧港口理货课程方案设计原则

此次设计的智慧港口理货课程方案，就是运用主要工具头盔和手柄模拟港区码头日常操作流程。通过前往 5 个不同的场景并切换来逐级加深对于港口码头理货的记忆。前面 4 个场景分别是自动化卸船流程、自动化装船流程、人工卸船流程、人工装船流程，主要以观看为主，体验者可以在观看的过程中熟练运用手柄前进、转向等并适当调节头盔舒适度，以达到最佳效果，VR 之眼透视集装箱理货五大场景切换见图 2。第 5 个场景为人工理货流程，是为了让体验者观察当前集装箱的箱号、车号、公司、是否有箱损、是否有铅封等信息并勾选正确选项，难度逐级增加，手脑并用，人工智能理货流程场景见图 3。

综上，本系统通过虚拟现实和增强现实技术模拟港口作业环境，使学员能够

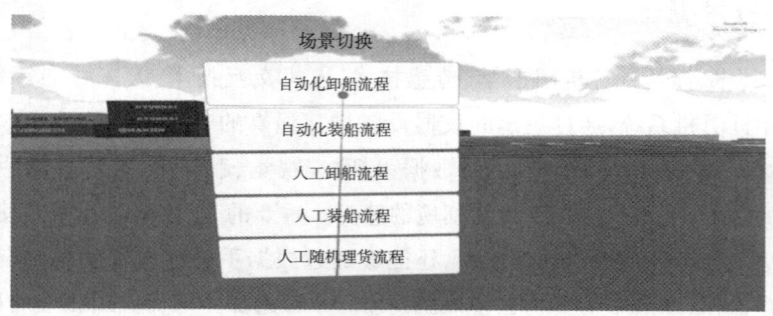

图 2　VR 之眼透视集装箱理货五大场景切换

图 3　人工智能理货流程场景

"身临其境",直观、逼真地观察港口作业,并根据虚拟场景做出相应的理货操作,从而完成以下工作及培训内容:①监控码头卸船、装船的箱子是否符合实际船图;②核实确认卸船集装箱、装船集装箱外表状况、铅封状况。

整个项目设计的原则也是从简单到复杂,从观看到实操,让学生在有认知的同时锻炼实操性,真正做到理论联系实际。

3　VR 技术在智能港口理货教学的优势

与理货培训的传统教育方式相比(最多是通过分拣快递包裹等通俗易懂的信息),采用本系统不仅可以节省大部分时间,而且可以无限地使用虚拟港口设备而不用担心成本或者安全问题。VR 技术运用于港口码头,乃至物流专业教育,主要具有以下 3 个方面的优势。

3.1 教学增加灵活性,提高学生学习热情,缩小理论知识与实操的差异性

现代高校物流专业教育,需要将课程理论教学与实践教学有效结合。然而,受到多种因素影响,传统实践教学内容和方式比较固定,操作性和拓展性也比较有限,给予学生发挥个人能力的空间也非常小,从而降低了学生学习的积极性,也无法真正锻炼学生的实践动手能力。

VR 技术是一种更为直接的交互方式,同时,由于本系统在培训过程中采用了逼真的现实工作环境,通过虚拟不同的作业场景,可使学生方便地培训各类科目或者进行针对性训练。因此,对学生的培训效率高,学生知识的迁移性将得到很大提高,在将来投入工作时将更容易上手。学生佩戴 VR 设备完成港口码头理货任务如图 4 所示。

图 4 学生体验 VR 理货场景

3.2 不受场地限制,方便设备拓展,方便学生随时随地学习

专业设备是实践教学的基础,而港口物流教学除了要去码头实地参观外,设备也不太容易购置。VR 技术的应用,其实就是利用虚拟现实技术建立虚拟实训基地,其中的"设备"与"部件"多是虚拟的,也不用担心前往实地考察时可能遇到的天气、人力等因素,并且可以随时生成新的"设备"来更新教学实训内容,使得港口实践训练能够随着技术的进步与发展及时进行调整,也突破了资金和场地等方面的限制。

3.3 规避风险,节省时间,增强实训安全性

与理货培训的传统教育方式相比,采用本系统不仅可以节省大部分时间,而且可以无限地使用虚拟港口设备而不用担心成本问题。学生借助 VR 头盔、耳机和手柄等操作工具与计算机进行交互,从而让其融入虚拟环境,并进行一系列的实际操作,和现实操作设备相差无几。同时,VR 技术具有无可匹敌的教学安全效果,可以避免老师带领学生外出去码头实习实训可能会出现的各种潜在危险。以港口物流常用的物流设备起重机为例,由于起重机驾驶的难度和危险性,即便带领学生去码头参观或者去企业实习,企业也不可能让学生亲自动手操作。但如果没有实际操作过,就很难理解它的构造和工作原理。借助 VR 技术,学生可以全方位观察起重机,还可以对其进行拆装,特别是可以十分安全地"驾驶",加深对设备的理解的同时,提高了动手实践能力,提高港口物流实践教学效果。加之 2020 年新冠肺炎疫情的突然暴发,无接触的学习方式将毫无疑问更受青睐。

4 职业教育开展 VR 智能港口理货教学的对策及建议

与传统港口理货教学相比,VR 智能港口教学具有明显的优越性,但是 VR 技术的普及还面临诸多挑战,如配置 VR 系统前期投入成本高、VR 系统功能不完善、用户体验不完美、资源库受限等。对于 VR 系统功能、用户体验以及资源库受限等方面的问题,需要 VR 技术研发人员从硬件设备和软件开发上不断创新,为 VR 技术在港口理货乃至物流实践教学过程中的推广提供有力的保障。为普及 VR 技术的应用,更好地开展 VR 教学,下面给出相应的对策及建议。

4.1 建设专业的港口理货 VR 实验室

开展 VR 智能港口理货教学,增加学生对其设备设施和业务流程的感性认识,首先需要组建一个可以容纳港口物流专业开展 VR 教学的专业实训室。在实验室建设初期,学校需要投资购买相应的 VR 物流硬件及其软件设备,VR 物流系统应当涵盖仓储、运输、码头、港口、海运地理等内容,实训内容需要支持内容的扩展,为后期的设备更新提供保障。

4.2 加强港口乃至物流相关专业教师的技能培训

物流专业的教师需要很熟练地操作整套 VR 系统,同时需要能解决学生在

实验过程中遇到的各种问题。目前大部分 VR 配套设备的操作都比较简单,容易上手,所以专业教师在开展 VR 实践教学之前,按需邀请 VR 软件研发公司相关的专业人员,参加 2~3 次系统的专业技术培训后,应该大致能全方位地掌握 VR 物流系统的操作流程和注意事项,从而更好地和专业课程的理论讲授相结合,给出合理的教学方案。

4.3　VR 智慧港口理货教学方案的设计和优化

物流专业教师在全方面熟悉 VR 物流系统的基础上,给予具体的 VR 物流实践教学方案,并且在实践教学中不断反思,结合学生对其的评价与反馈,及时发现教学方案中存在的问题,不断修饰和润色实践教学方案,以达到理论教学与 VR 实践教学的无缝衔接和有效结合。以港口理货实践教学为例,具体教学课程设计如下:

(1) 实训前的理论教学。在进行实践教学之前,需要先让学校了解码头理货的大致流程。这是一个系统工程,大致分为出入库、自动装卸货、人工装卸货、人工随机理货等。先把学生分为几个组,分别对应这几个作业流程。让每个组的学生都认识一下各个流程,为实训打下理论基础。

(2) 虚拟现实教学。利用 VR 技术,展示某港口码头的布局及其设施,通过预先的设计,学生可以利用 VR 手柄的圆盘按钮,对某一设备进行更具体的观察和认识,并进行比较,从而让学生对于码头有个大致的直观的认识。

(3) 安全教育。虽然是虚拟现实的环境,但也要按现实生活中可能遇到的非安全因素来考量,对学生进行必要的安全教育。利用 VR 技术先让学生身临其境进行观看易出现状况的环节和出现状况后正确的应急处理方式,这样才能在学生遇到实际情况时沉着应对。

(4) 实操训练。可以按之前分好的组别,模拟某码头的日常运营,轮流使用 VR 设备。在进行模拟实训过程中,对于学生出现的违规操作以及不安全的操作要及时制止,可设置警报系统,提醒学生出现错误会扣掉相应的分数。同时也可以设计加分环节,以表扬操作得当、技术娴熟的学生。

(5) 实训总结。最后在第 5 个场景中,也就是人工智能理货场景中,让每个学生根据之前学习的经验,适当地操练题目,以达到身临其境的效果。最后系统会根据每位学生的表现进行评比打分,教师给予指导建议。

5　结语

与传统的物流专业实践教学相比,VR技术在港口理货教学的教学成本、教学资源、学生积极性和教学安全性等方面具有显著的优势。尽管VR技术在普及方面还存在一些问题,但随着引进VR技术成本的逐渐降低、VR教学系统的不断完善,VR技术在未来职教物流专业实践教学中的应用会越来越普及。相关从业教师也能更多地享受到VR技术的便利。

参考文献:

[1] 孟利清,徐艺,王浩,等.VR技术在高校实训教学中的应用——以物流工程专业为例[J].物流技术,2018(1):150-152.

[2] 侯玲娟,李贵春.VR技术在物流管理专业实践教学中的应用研究[J].物流科技,2019(10):175-177.

[3] 陈艳玲.基于三维虚拟仿真的理实一体化教学改革——以集装箱码头业务操作为例[J].物流工程与管理,2019(6):149-151.

[4] 孙术发,肖生苓,杨德岭,等.物流工程专业虚拟仿真实验教学中心建设[J].实验室研究与探索,2016(6):143-146.

[5] 刘雪雪,安越.虚拟仿真技术在物流实训教学中的应用——以仓储管理课程为例[J].现代经济信息,2019(19):458.

作者简介:

周圆,硕士,上海海事大学高等技术学院、港湾学校实训指导教师,研究方向为物流仓储、物流英语。

职业院校课程信息化教学辅助方法

齐 颖

摘 要：在当前信息化时代的大背景下,信息技术已经被广泛应用到人们的生产生活领域中,为人们提供了便捷的生活方式。与此同时,在中职教育行业中,广大教育者为了顺应时代发展,将信息技术应用于教学环节,也开始了积极的探索与实践。在此过程中,教师利用多媒体教学软件,在教学环节中利用信息技术提高了学生的学习兴趣,培养了学生在学习过程中的主观能动性,将教学资源进行有效的整合,提高了教学质量。本文针对中职学校信息化教学具体方法,进行研究和推广。

关键词：信息化教学;中职校;课程建设

0 引言

在当前新信息化时代的大背景下,信息技术已经被广泛应用到人们的生产生活领域中,为人们提供了便捷的生活方式。与此同时,在教育行业中,广大教育者为了顺应时代发展,将信息技术应用于教学环节中,也开始了积极的探索与实践。在此过程中,教师利用多媒体教学软件,在教学环节中利用信息技术提高了学生的学习兴趣,培养了学生在学习过程中的主观能动性,将教学资源进行有效的整合,提高了教学质量。下面主要介绍中职学校信息化教学具体方法的研究。

1 信息化教学的概念

20世纪90年代以来,随着信息技术在教育中的广泛应用,人们发现技术知识正逐渐成为教师知识体系中一种越来越重要的成分。2006年米什拉(Punya

Mishra)和科勒(Matthew J. Koehler)在舒尔曼的教学内容知识(PCK)的基础上提出了整合技术的学科教学法知识(Technological Pedagogical and Content Knowledge,TPCK)。

在近年来的教学工作中,不难发现,当前时代的发展趋势正朝着信息化、网络化发展,不论是生产领域还是教学领域,都不能够阻挡这一发展趋势。此外,教育部在《国家中长期教育改革和发展规划纲要(2010—2020年)》中也明确指出,"信息技术对教育发展具有革命性的影响,必须给予高度重视"。这也进一步体现了信息化教学在当前时代的重要意义。信息化教学,顾名思义,主要是指在教学过程中利用信息技术,提高在课堂环节中的教学质量。信息化教学是以信息技术为支持,应用现代的教学方法开展的教学活动。在此过程中,教师利用丰富的教学资源将抽象的教材内容转化为生动形象的教学内容,在一定程度上提高了教学课堂的趣味性,提高了学生的学习兴趣,培养了学生在学习过程中的主观能动性。信息化教学在教学工作中的应用,大大提高了教学质量和学生的学习效率,促进了教育的发展。

课程信息化建设是国家教育信息化政策落实的重要方式。2016年6月7日,教育部颁发了《教育信息化"十三五"规划》,提出到2020年,基本建成"人人皆学、处处能学、时时可学",与国家教育现代化发展目标相适应的教育信息化体系。这就明确了教育信息化的发展方向,不仅为教育信息化改革提供了目标,指引了方向,也为具体的单门课程建设提出了要求。任何教育政策目标的实现都离不开具体工作的实地开展,教育信息化体系的形成也离不开单门课程的信息化建设。在单门课程的信息化建设中,教学模式的信息化最为明显。只有树立利用信息技术创新教学模式、组织推进信息化教学活动的意识,才能在具体教学活动中更好地完成课程信息化建设。高校只有做好单门课程的信息化建设,才能做到专业建设信息化,才能与国家战略相契合,创造出一条有中国特色、国际水平的教育信息化发展的路子。

2 提高信息化技术在工作中的主动应用能力

在教学过程中应用多媒体技术等信息化教学手段在一定程度上提高了学生的学习效率,使教学内容更加具有感染力,将原本抽象的教学内容变得生动形象,大大提高了课堂中的活跃度。但是从国内中职院校的信息化教学现状来看,其教学方法还存在着一定的缺陷,有待进一步完善,应该提高信息化技术在工作中的主动应用能力。

2.1 教师对信息化教学理解上的误区

现阶段有很多中职院校的教师把信息化教学理解为计算机与网络化教学,认为信息教学只是将原本应该在黑板上呈现的内容利用多媒体教学软件投放到白板上。这种教学观念严重影响到了信息化教学的发展,并且在应用信息化教学的过程中其课堂质量根本得不到提高。课件内容重于形式,忽视了教学重点。课件是通过多媒体技术对声音、图像、动画、文字等进行修饰,呈现到学生眼中的一种传播形式。一些教师为了凸显自身对信息技术的应用能力,在制作课件的过程中过于注重形式,虽然制作出来的作品很精美,但是并没有太大的教学效果,反而降低了课堂效率。此外,一些学生在受到这种花哨的课件影响之后,很容易对其他教师所制作的课件失去兴趣,从而影响学生各类学科的学习成绩。

2.2 教师应提高信息化技术在工作中的主动应用能力

信息化教学对现阶段的教育行业产生了很大的影响,已经成为当前的一种主流教学模式。但是任何事物都要经过合理的应用才能够发挥其应有的效果,在教学过程中适当地将信息化教学融入其中便会起到事半功倍的教学效果,但如果应用得不合理,便会适得其反。将信息技术应用到教学中并不是一个简单的过程,具有较强的综合性,不仅要求教师能够对教材内容进行熟练的掌握,还要保证教师能够将信息技术完美地融入教学环节中,对教材进行灵活的运用。但是在应用过程中,其效果也是非常显著,能够有效地提高教学效率。这是教育信息化发展大势,也是师资信息化素养建设之道,更是信息化内涵建设之术。

3 信息化教学的方法与手段

随着互联网的飞速发展,越来越多的网络平台和工具开始应用于教学中。很多高职院校的教室都完成了基本的硬件配备,如投影仪、音响等,不同的专业都建设了满足自己日常教学需要的实训室。现代信息技术是改造传统教学模式的不二选择。教育信息化建设是推动我国教育内涵建设的重要突破口,也可以说是当前唯一的有效突破口。以现代信息技术带动教育的现代化,一幅好的图画所能表达的东西胜过千言万语。

课程建设必须尊重教育客体,遵循学生成长的规律。据 2018 年 8 月 20 日《中国互联网络发展状况统计报告》,截至 2018 年 6 月,我国网民规模达 8.02 亿人。互联网普及率达 57.7%,其中学生群体规模最大。教育信息化发展客观上更新了青少年获取教育资源与知识积累的工具,青少年成长过程中嵌入的数字化经历改变了其大脑的生理结构,影响了学习和认知方式。作为教育对象,大学生的认知方式已经发生了巨大变化。信息化形式的学习模式已经成为当今学生的真实需求,如果教学主体仍然抱残守缺,以传统的认知规律为指导,以传统的教学模式从事教学,就无法引起学生的学习兴趣。兴趣是最好的老师,没有兴趣的学习必然会影响到知识接受和积累。学生的学习模式发生了变化,课程建设也应该遵循学生的发展规律,进行与之相应的改革。

信息化教学方法与手段列举如下:

3.1 微课、慕课、远程教育

微课以简短的视频形式呈现某个具体的教学内容,主题突出、内容具体,适合碎片化学习。课堂教学时可嵌入微课视频播放,或要求学生课前预习时使用,与传统的讲授结合起来,可以提升课堂教学质量。

慕课即大规模开放在线课程,是"互联网+教育"的产物。其与远程教育有相似的功能,摆脱人必须到课堂的束缚,可以随时随地学习。此外,慕课平台还可以记录学生的学习时长、进度操作等,更加方便学习者的学习及掌握,这也正好体现了信息化教学的宗旨。

3.2 实训平台建设,课堂教学与实训教学相结合

信息化教学的目的不仅仅在于提升课堂教学质量,更重要的在于提升学生专业技能、职业素养等综合素质。课堂教学是实训教学的基础,实训教学是课堂教学的补充。提升高职院校学生的实践经验和操作水平,对学生以后的就业打下坚实的基础。但是对于有些专业来说,实训的教学资源很难满足学习要求,如飞机驾驶等。因此,可以采用仿真模拟,从外形仿真、操作仿真、视觉仿真的角度,利用 VR 技术,通过实际操作,使参与者有身临其境的体会,让学生掌握到真正的技能。当然,这需要学校有相关技术的支撑。

3.3 开发精品在线课程,实现信息化资源共享

教师在从事信息化教学过程中,除了有些技术达不到信息化要求之外,有些

时候也会因为精力有限,不能完全做到信息化教学。据《2016年全国教育信息化工作专项督导报告》,如今的信息化教学融合案例不断涌现,网络学习逐步普及并深入,所以信息化教学不仅仅是个人的事情,更应该是团队的工作。建立优良的开发团队,设计并制作精品在线课程,实现信息化资源的共享,方便更多的教师和学生的使用和学习,最大效率地实现教育信息化。信息化教学与传统教学最主要的区别在于,削弱了教师在课堂中的主体地位。教师主要的工作是提供信息,培养学生获取知识的能力,指导他们进行学习探索活动。信息化教学方法与手段多种多样,教师可根据自身情况自主选择适合自己的方式方法,正所谓教无定法,最终目的是最大化地为学生提供良好的学习情境,充分调动学生的学习热情和积极性。此外,学校还应保障教师的工作时间,月相应的激励措施调动教师信息化教学的热情。

3.4 PPT课件教学

Microsoft Office PowerPoint(FPT)是指微软公司设计开发的文稿演示软件。用户可以在投影仪或者计算机上进行演示,也可以将演示文稿打印出来,制作成胶片,以便应用到更广泛的领域中。利用PPT不仅可以创建演示文稿,还可以在互联网上召开面对面会议、远程会议或在网上给观众展示演示文稿。PPT做出来的东西叫演示文稿,其格式后缀名为.ppt、.pptx,或者它可以保存为Pdf、图片格式等,2010及以上版本中可保存为视频格式。演示文稿中的每一页就叫幻灯片,一套完整的PPT文件一般包含片头、动画、PPT封面、前言、目录、过渡页、图表页、图片页、文字页、封底、片尾动画等;所采用的素材有文字、图片、图表、动画、声音、影片等;中国的PPT应用水平逐步提高,应用领域越来越广;PPT正成为人们工作生活的重要组成部分,在工作汇报、企业宣传、产品推介、婚礼庆典、项目竞标、管理咨询、教育培训等领域占着举足轻重的地位。近年来,PPT被广泛应用于教学中,已经被公认为教师教学科研的重要载体。

3.5 冰点文库

冰点文库下载器是由等雪的鱼开发的,可以自由下载百度、豆丁、畅享网、mbalib、hp009、max.book118文库等文档。软件优势在于,无需登录也无需积分,只需要将需要下载的文档的网页地址复制在软件的录入框中就可以自由下载,并最终生成Pdf文件。从1.3版本开始支持导出Word格式的文件附件。支持多个任务同时下载和断点续传下载。生成的 Word、Pdf 文档与原始文档质量等同。基本使用方法：直接将要下载的豆丁文库或者百度文库的网页地址粘贴过来，点击"下载"就可以了。在主界面输入需要下载的百度文库或者豆丁文库的网页地址，点击"下载"即可。下载完成后，选择"已下载"，在右边的列表中鼠标右键弹出菜单中，单击"打开文件位置"即可进入保存下载的文件。

3.6 屏幕控制技术在教学中的应用

（1）电脑的扩展功能（图1）。电脑的扩展功能是电脑同时使用两个显示器，并且在两个显示器上显示不同的内容，Windows 系统的电脑投影功能，其实就是常用的双屏显示功能。双屏显示有显示器、复制、扩展、投影4种显示模式。扩展模式由于可以显示更多的内容，最常用、最典型的应用就是一个显示器上网，另一个显示器看视频。具体操作步骤：电脑开机；投影机开机；将连接在投影机上的 VGA 电缆插入到电脑对应接口上；有两种方法可以实现投影：①按下键盘上的"Windows"图标＋P 键，弹出4个选项，即"仅计算机""复制""扩展""仅投影仪"，根据需要，选择后3项中的某一项，鼠标点击即可；②在桌面空白处点击右键，选择"屏幕分辨率"选项，点击"连接到投影仪"，弹出和①中一样的4个选项，根据需要，选择后3项中的某一项，鼠标点击即可。

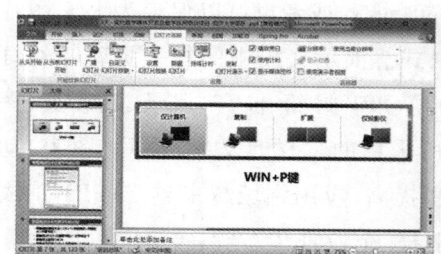

图1　电脑扩展功能演示

（2）使用手机功能播放 PPT——袋鼠输入（图2）。袋鼠输入，是一款可使手机遥控电脑的泛输入类创新应用。其可以通过手机在电脑端实现语音、手写输入，同时可让手机变为免费无线鼠标、电脑视频遥控器、PPT 遥控器、游戏手柄，未来还有更多可能。"袋鼠"，顾名思义即"代替输入"，最初旨在建立手机与电脑间新的连接与交互方式。此次"百度袋鼠"更名为"袋鼠输入"，意味着新的袋鼠输入将更加着力于场景与领域的聚焦和细分，真正将场景输入、大数据采集和人机互动相结合。

 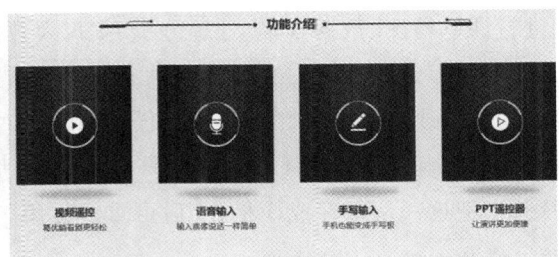

图 2 '袋鼠输入'应用演示

3.7 二维码在教学中的应用

二维码又称二维条码,常见的二维码为 QR Code,QR 全称 Quick Response,是一个近几年来移动设备上超流行的一种编码方式。二维条码/二维码(2－Dimensional Bar Code)是用某种特定的几何图形按一定规律在平面(二维方向上)分布的黑白相间的图形记录数据符号信息的;在代码编制上巧妙地利用构成计算机内部逻辑基础的"0""1"比特流的概念,使用若干个与二进制相对应的几何形体来表示文字数值信息,通过图像输入设备或光电扫描设备自动识读以实现信息自动处理二维码除具有条码技术的一些共性,如每种码制有其特定的字符集、每个字符占有一定的宽度、具有一定的校验功能。此外,还具有对不同行的信息自动识别功能、处理图形旋转变化点等功能。教学中,可以利用二维码分享资料、制作码书、布置作业和信息化教学设计,目前比较流行的制作二维码的软件有草料二维码生成器。

二维码用于教学的好处:

(1)扫码获取信息。扫码可以获取文本、获取图片;手机上,直接长按二维码即起到可扫码的作用。利用这个功能,可以在学案或者练习题的最后附上详细答案的二维码,既节省了印刷的纸张,又方便学生查阅,增强了拓展和延伸性。

(2)网站跳转功能。扫码可以选择进入不同网址;可以在需要教师讲解的难题旁,印上一张链接有提前录制好的微课视频网址的二维码,学生只需要扫描题目旁边的二维码即可获得观看链接,点击即可观看视频。对难题、重点题提前录制微课讲解,学生随时随地得到教师的辅导答疑,增强了与教师的互动性。将上课的 PPT 上传至百度盘,学生扫码即可下载,省去了记录、输入网址的麻烦。

(3)开展翻转课堂,借助二维码和教学类 App,除了分发教学资源外,还可以进行课堂检测、数据收集、处理分析,实现大数据的精准应用。

此外,有关二维码的制作非常值得推荐的是:活码,即二维码图案不变,内容可随时更改,存储无限内容,指向任意网址,扫描效果可跟踪,永久免费。二维码美化:功能最齐全最强大的二维码美化系统,加 logo、加背景、加前景、换样式、调码眼,把这一切保存成模板,今后可重复使用。

3.8　微信在教学中的应用

微信是目前比较流行的一款即时通信服务软件,通过手机、平板,用户可以快速对语音、视频、图片和文字等进行信息的传输,并提供公众平台、消息推送等功能。使用微信的公共平台可以搭建师生教学交互平台,增加交互的及时性,提高交互效率,促进有意义的学习。可以使用微信建立群/论坛,通过不同的群,把不同的学生集中起来,在微信群里布置作业、讨论难题、师生对话等。关注感兴趣主题的订阅号,教师自己也可以注册订阅号(每个身份证可以申请 5 个订阅号),教师使用订阅号每天推送一条与学习相关的信息(文字、图片、视频、投票/测试等)。例如:利用微信的视频、语音短信、群聊等功能,学生之间可以对课堂学习进行相互交流;教师通过微信平台发布学生感兴趣的视频或图片(布置教学任务),让学生自主式地参与讨论,锻炼和提高学生思考问题的能力;同时运用微信视频通话和语音短信的功能进行讨论,调动学生的积极性;教师和学生还可利用微信网络交流平台随时阅读其他学生的作业,让教师及时发现学生共性问题并提供正确的参考答案,提高了学生的应用能力,使教学更加有的放矢。

类似的小程序,在其他 App 里,也可以实现同样的助力教学的目的,如智慧教学(学习通、云班课、雨课堂)。

3.9　文档转换技术在教学中的应用

在教育行为中,为什么要进行文档格式转换?有的是因为网络素材或者数字化教学资源的要求,有的是为了防止二次编辑,有的是转换后文件可以变小,转化后文档排版不会再改变,还有的文档转换后可以进行文字快速提取。各种文档格式的转换,主要包含以下几种形式:Pdf 文档的生成及合并(Word、PPT、图片-Pdf 文档)、由 Word、Pdf 文档生成电子书的能力、Pdf 文档的编辑等。

使用 Adobe Acrobat 软件进行文档处理,轻松方便解决问题。Adobe Acrobat X Pro 软件是 Adobe 开发的一款专业处理 Pdf 的软件。它不仅可以创建和编辑包含多媒体的 Pdf 文件、安全地共享信息,还能将纸质文档、电子表单 Excel、电子邮件、网站、照片、Flash 等各种内容扫描或转换为 Pdf 文档,进一步编辑、管理、分享文件。

3.10 信息化技术在资料搜集与检索中的应用

资料搜集与检索能力是信息化素养中最重要能力,平时检索方式获取文档资源,通常选搜索引擎或者选网站,如百度文库、豆丁、道客巴巴。其中:百度文库、豆丁文库等文档下载,使用冰点下载 3.0;Flash 视频资源下载方法——维棠下载 Unlocker;Flash 动画资源下载方法——Flash Grab 或虚拟打印;软件资源下载方法——网盘、云盘、米盘、百度云盘检索(www.baiduyunpan.com)、百度云盘(pan.baidu.com);科研使用专门数据库进行下载——中国知网、万方等。

3.11 交互式测试媒体开发技术的应用

交互式电子试卷的使用,大大方便了教师考试的设置,使考试的形式多元化。该方法的优势有很多,实现了随时随地出考题、做考试的功能,节省了资源和时间。其是未来考试学习发展的一个方向。

3.12 使用思维导图进行教学技术的应用

思维导图(Mind Mapping)是一种将放射性思考(Radiεnt Thinking)具体化的方法。思维导图提供一个有效的工具,运用图文并重的技巧,开启人类大脑的无限潜能。思维导图就是用图表的形式把思维的过程可视化表现出来,从而促进思维过程更全面、更系统、更高效。作为反省学习、优化思维的工具,对教师特别是学生会有不可限量的作用。思维导图让你更有效地把信息放进你的大脑,或是把信息从你的大脑中取出来,思维导图是一种革命性的思维工具。将思维导图运用在创意的发散与收敛、项目企划、问题解决与分析、会议管理等方面,往往产生令人惊喜的效果。思维导图是一种展现个人智力潜能极致的方法,将可提升思考技巧,大幅增进记忆力、组织力与创造力。

帮助师生掌握正确有效的学习方法策略,更快更有效地进行课本知识的传授,促进教学效率和质量的提高。可以更好地帮助教师和学生,加强对所学知识的理解并将所学内容进一步加以深化。建立系统完整的知识框架体系,对学习的课程进行有效的资源整合,使整个教学过程和流程设计更加系统、科学有效。利用思维导图进行课程的教学设计,进一步加强对所学和所教内容的整体把握,而且可以根据教学过程和实际需要做出具体而合理的调整。

思维导图应用演示过程(图3)如下：

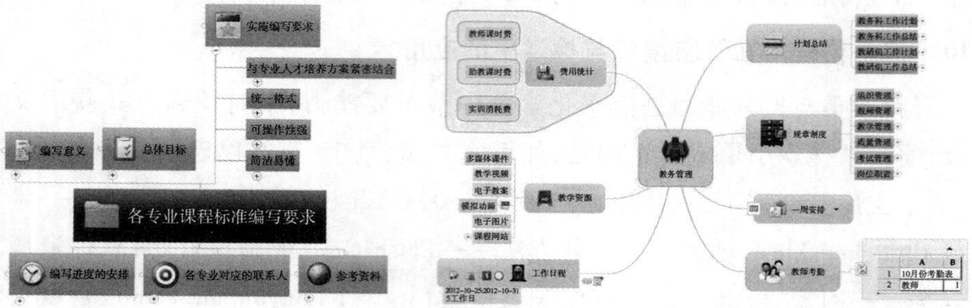

图 3　思维导图应用演示

使用记事本及 word 文件快速生成思维导图，打开"记事本"，分别输入 4 行文字，然后复制(Ctrl + C)，选中思维导图中的任意主题，然后粘贴(Ctrl + V)。

使用图表样式快速修饰思维导图，点击"主功能"菜单，选择"图标样式"工具栏，选择"Blue"样式；点击"主功能"菜单，选择"图标样式"工具栏，选择"Blue"样式。

使用附注功能，选中任意主题，点击"附注"，按 F2 键，输入文字内容。

使用关联功能，点击"关联"，选中任意 2 个主题。

使用边框功能，选中任意"一级"主题，点击"边框"，双击可以编辑边框样式。

使用字体样式功能修饰思维导图。

3.13 视频素材加工与编辑技术的应用

在实践教学过程中，利用形象生动的视频引导学生，是一个非常不错的教学方法。在视频教学中，通常会遇到不同格式、不同大小、引用某些内容等实际问题，需要对视频进行简单的操作，为我所用。

一般课程网站所用视频格式：flv、.wmv、.mp4 等几种格式。如果具备视频导入并剪辑，添加片头、片尾及片中字幕，添加视频过渡与特效，添加音频、视频格式转换，视频切割、编辑软件等 5 项必备操作选择，操作就可以做到得心应手。相关的小软件有：Windows Movie Maker、Adobe Premiere、视频转换大师、Wondershare Video Converter Ultimate、格式工厂、快剪辑等。视频素材加工与编辑技术应用见图 4。

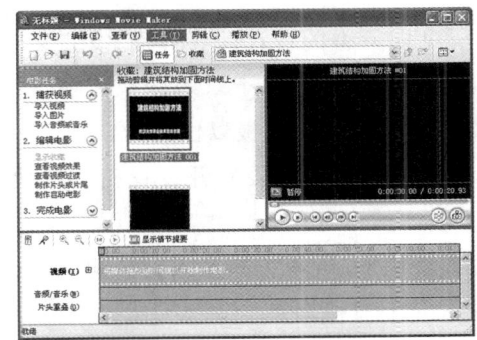

图 4 视频素材加工与编辑技术应用

3.14 信息化技术在制作调查问卷中的使用

问卷星,是一个专业的在线问卷调查、测评、投票平台,专注于为用户提供功能强大、人性化的在线设计问卷、采集数据、自定义报表、调查结果分析系列服务,问卷星应用演示见图5。与传统调查方式和其他调查网站或调查系统相比,问卷星具有快捷、易用、低成本的明显优势,已经被大量企业和个人广泛使用,典型应用包括企业、事业单位,也有个人使用。其中:在学校可以用于学术调研、社会调查、在线报名、在线投票、信息采集、在线考试等;在个人可以用于讨论投票、公益调查、博客调查、趣味测试等。

图 5 问卷星应用演示

问卷星使用流程分为下面几个步骤:

(1) 在线设计问卷:问卷星提供了所见即所得的设计问卷界面,支持多种题型以及信息栏和分页栏,并可以给选项设置分数(可用于量表题或者测试问卷),可以设置跳转逻辑,同时还提供了数十种专业问卷模板以供选择。

(2) 发布问卷并设置属性:问卷设计好后可以直接发布并设置相关属性,例如问卷分类、说明、公开级别、访问密码等。

(3) 发送问卷:通过发送邀请邮件,或者用 Flash 等方式嵌入到公司网站或者通过 QQ、微博、邮件等方式将问卷链接发给好友填写。

(4) 查看调查结果:可以通过柱状图和饼状图查看统计图表,卡片式查看答卷详情,分析答卷来源的时间段、地区和网站。

(5) 创建自定义报表:自定义报表中可以设置一系列筛选条件,不仅可以根据答案来做交叉分析和分类统计(例如统计年龄在 20~30 岁之间女性受访者的统计数据),还可以根据填写问卷所用时间、来源地区和网站等筛选出符合条件的答卷集合。

(6) 下载调查数据:调查完成后,可以下载统计图表到 Word 文件保存、打印,或者下载原始数据到 Excel 导入 SPSS 等调查分析软件做进一步的分析。

没有信息化教学资源的课堂——永远是一门遗憾的艺术!人与人之间在能力上并没有多大的差别,之所以在学习、工作中分出伯仲,其原因在于思维方式和思考模式的不同,最重要的是查找资源、获取资源的能力,此外还要改变教学媒体制作的软件观,学会 10 种以上的软件。希望中职教师在课程信息化教学的方法上多做研究,多做实践,多多交流,立足职业课堂教育,把先进的课堂教学方法引入其中,让更多的职业学校的学生受益。

作者简介:

齐颖,上海海事大学港湾校区电教中心副主任,研究方向为课程方法论、党建思政。